Studientexte zur Soziologie

AF146269

Reihe herausgegeben von

Dorett Funcke, Institut für Soziologie, FernUniversität in Hagen, Hagen, Deutschland

Frank Hillebrandt, Institut für Soziologie, FernUniversität in Hagen, Hagen, Deutschland

Uwe Vormbusch, Institut für Soziologie, FernUniversität in Hagen, Hagen, Deutschland

Sylvia Marlene Wilz, Institut für Soziologie, FernUniversität in Hagen, Hagen, Deutschland

Die „Studientexte zur Soziologie" wollen eine größere Öffentlichkeit für Themen, Theorien und Perspektiven der Soziologie interessieren. Die Reihe soll in klassische und aktuelle soziologische Diskussionen einführen und Perspektiven auf das soziale Handeln von Individuen und den Prozess der Gesellschaft eröffnen. In langjähriger Lehre erprobt, sind die Studientexte als Grundlagentexte in Universitätsseminaren, zum Selbststudium oder für eine wissenschaftliche Weiterbildung auch außerhalb einer Hochschule geeignet. Wichtige Merkmale sind eine verständliche Sprache und eine unaufdringliche, aber lenkende Didaktik, die zum eigenständigen soziologischen Denken anregt. Herausgegeben vom Institut für Soziologie der FernUniversität in Hagen, repräsentiert durch Dorett Funcke, Frank Hillebrandt, Uwe Vormbusch, Sylvia Marlene Wilz, FernUniversität in Hagen, Deutschland

Tobias Franzheld

Multiprofessionelle Zusammenarbeit – Kinderschutz interdisziplinär und partizipativ

 Springer VS

Tobias Franzheld
Universität Erfurt
Erfurt, Deutschland

ISSN 2628-006X   ISSN 2628-0078 (electronic)
Studientexte zur Soziologie
ISBN 978-3-658-49641-8   ISBN 978-3-658-49642-5 (eBook)
https://doi.org/10.1007/978-3-658-49642-5

Die Deutsche Nationalbibliothek verzeichnet diese Publikation in der Deutschen Nationalbibliografie; detaillierte bibliografische Daten sind im Internet über https://portal.dnb.de abrufbar.

Springer VS ist ein Imprint der eingetragenen Gesellschaft Springer Fachmedien Wiesbaden GmbH und ist ein Teil von Springer Nature.
Die Anschrift der Gesellschaft ist: Abraham-Lincoln-Str. 46, 65189 Wiesbaden, Germany

Wenn Sie dieses Produkt entsorgen, geben Sie das Papier bitte zum Recycling.

Einleitung und Aufbau des Studientexts

Der Schutzauftrag für Kinder und Jugendliche ist eine zentrale Aufgabe der öffentlichen Kinder- und Jugendhilfe. Er fordert von den zuständigen Fachkräften einen souveränen Umgang mit den geltenden Rechtsvorschriften, Handlungssicherheit auch bei sich teils widersprechenden Interessenlagen, aber auch die Fähigkeit, im Geflecht der zuständigen Hilfesysteme die eigene Fachlichkeit zu gewährleisten. Insofern ist der vorliegende Studientext zum einen eine praktische Orientierungshilfe für die Bewältigung solcher, und auf den Kinderschutz bezogener, Handlungsprobleme. Zum anderen kann er auch zur Reflexion des praktischen Handelns genutzt werden, nämlich dann, wenn aktuelle Probleme der Kinderschutzarbeit direkt angesprochen werden, d. h. wenn auch die Schwierigkeiten im Umgang mit Kinderschutzfällen deutlich benannt und anschließend zur Diskussion gestellt werden. Bei den im Studientext angesprochenen ‚Problemstellen' im Kinderschutz wird aber nicht von einer persönlichen Zurechnung dieser Probleme ausgegangen, beispielsweise in der Form, dass Fachkräfte Gefährdungen verschulden oder durch fachliche Fehleinschätzungen mitzuverantworten hätten – ein nicht unüblicher Vorwurf im Kinderschutz. Der Gehalt des Studientexts soll demgegenüber darin liegen, ein breiteres Verständnis für die Herausforderungen der Kinderschutzarbeit herzustellen. Er soll dazu beitragen, zu verstehen, wann und warum Fachkräfte in der Praxis auch an Grenzen stoßen, sowohl im Hinblick auf persönliche Belastungen, den Umgang mit schwierigen Familien oder bezogen auf die Tragfähigkeit beruflicher Kooperationen.

Insofern sind auch die im Studientext gewählten Ansatzpunkte, partizipativer und interdisziplinärer Kinderschutz, einerseits hilfreiche Orientierungen, aber eben nur eine Seite – so könnte man es bildlich beschreiben – der Professionsmedaille. Neben diesen durchaus wünschenswerten, aber genauso ambitionierten Leitbildern müssen auch die Fallstricke, die negativen Konsequenzen des eigenen Tuns, ja das ganze ‚work drama' in eine Reflexion ‚guter Kinderschutzarbeit' ein-

bezogen werden. Andernfalls bestünde die Gefahr, dass sich die eigentlich zu ver-
mittelnden Zielsetzungen rhetorisch verselbstständigen, sich zu weit von der Praxis entfernen bzw. in zu großer Distanz zur praktischen Tätigkeit stehen. Mit der
Folge, dass sie dort entweder ungehört bleiben oder gar Reflexe der inneren Abwehr auslösen. Die Gefahr besteht also darin, Partizipation und Interdisziplinarität
als normative Referenzen zu vereinseitigen und sie im Rahmen ihrer theoretischen
Fundierung zur Richtschnur fachlicher Kinderschutzarbeit zu machen. Das Ergebnis solcher Betrachtungsweisen sind in der Professionsforschung nicht unübliche
Defizitanalysen, die in erster Linie Auskunft über Fehlhandlungen geben oder das
Licht auf gescheiterte Kinderschutzverfahren im Ganzen werfen und diese dann
wiederum als Verweis auf eine geringe oder bescheidene Professionalität interpretieren. Im Studientext wird ein anderer Weg eingeschlagen: Die Frage lautet
nicht, ob Fachkräfte im Kinderschutz interdisziplinär oder partizipativ arbeiten,
sondern welche Herausforderungen sie bewältigen, um diese Ziele auch praktisch
zu erreichen. Einfacher gesagt: partizipativer und interdisziplinärer Kinderschutz
kann nicht vorausgesetzt werden, weder als Reaktion auf fachliche Forderungen
noch als eine Vorschrift basierend auf Rechtsansprüchen oder der Verwaltungs-
logik. Solche Ansprüche müssen sich erst ihren Weg in die Praxis bahnen, und
zwar durch ein teils unwegsames Gelände in der Kinder- und Jugendhilfe.

Im Studientext wird diese empirische, auf die konkrete Berufspraxis zielende,
Ausrichtung durch zwei Kernprobleme unterstrichen. (1) Zum einen betrifft das
die Arbeit mit Familien, die ihrerseits im Kinderschutz im Verdacht stehen, das
Wohl von Kindern zu schädigen bzw. ihnen nicht den nötigen Schutz für ein kind-
gerechtes Aufwachsen zu gewähren. (2) Zum zweiten sind das neue Kooperations-
strategien im Hinblick auf eine ‚vernetzte' Fallbearbeitung. Jugendämter sind eine
Art Koordinationszentrum der öffentlichen Gefahrenabwehr und nicht zuletzt auch
rechtlich mit dem Schutz von Kindern beauftragt. Im Zuge der Ausweitung eines
öffentlichen Bewusstseins für Kinderschutzfälle ist aber auch ein Zusammenrücken von Kinderschutzakteuren und zuständigen Hilfesystemen nachzuweisen.
Eingeschlossen in diese neuen Kooperationsbeziehungen ist die Fragestellung, wie
Fachkräfte der Jugendhilfe und die der anderen Professionssysteme dort ihre Fachlichkeit zur Geltung bringen, aber auch wie sie ihre beruflichen Kompetenzen in
den Dienst eines gemeinsamen Ziels, den Kinderschutz, stellen.

Beiden Kernproblemen – der Beteiligung von Familien sowie die Arbeit mit angrenzenden Berufsgruppen – wird auf der Basis des Falls nachgegangen. Diese
methodische Vorentscheidung hat mehrere Konsequenzen. Die Arbeit mit Familien
muss sich auch im Kinderschutz bewähren an einer fallbezogenen Arbeitsweise,
ausgerichtet auf fachliche Gefährdungseinschätzungen und Interventionen im Fall
einer manifesten Kindeswohlgefährdung. Inwiefern Fachkräfte der Kinder- und

Jugendhilfe hierfür ungünstige Rahmenbedingungen vorfinden und welche Handlungsstrategien sie wählen, um Hürden innerhalb ihrer Fallarbeit zu überwinden, ist eine bereits durch die rechtliche Rahmung des Kinderschutzauftrags berechtigte Fragestellung. Sie ist aber auch eine ganz praktische Frage nach stabilen Hilfebeziehungen, ob also überhaupt und wenn ja unter welchen Bedingungen und mit welchen Folgen Familien mit Fachkräften zusammenarbeiten und inwiefern sich beide Parteien zum Schutz von Kindern oder der Verhinderung weiterer Gefahren auf ein stabiles Arbeitsbündnis verständigen können. Aber auch für die Zusammenarbeit unter den beteiligten Professionen bildet der Fall das gemeinsame Handlungszentrum. Es wird also auch bei der Reflexion beruflicher Kooperationsbeziehungen davon ausgegangen, dass diese sich von einem gemeinsamen Fallbezug herleiten. Dass Fälle gewissermaßen Anlass, Bedingung, aber auch eine Begrenzung für berufliche Arbeitsprozesse und Koordinationsaufgaben darstellen. Und drittens lassen sich diese beiden Fallperspektiven nur analytisch, also nur zum Zweck einer theoretischen Unterscheidung, scharf voneinander trennen. Die eigentliche Fallarbeit bzw. die eigentlichen beruflichen Herausforderungen bewegen sich typischerweise und im Kinderschutz in gesteigertem Umfang in einer engen Verflechtung zwischen der Beteiligung von Familien und Kontakten zu anderen Berufsgruppen. Die Fallarbeit organisiert sich im Kinderschutz, so die hier vertretene Überzeugung, in der Spannung einer kontaktintensiven Beziehungsarbeit zu Klient*innen – die Dimension der Partizipation – und der interdisziplinären Arbeitsweisen im Austausch mit angrenzenden Berufsgruppen – die Dimension der Interdisziplinarität. Aus dieser Spannung heraus ergeben sich die zentralen Anforderungen an berufliches Kinderschutzhandeln.

Diese These ist insofern berechtigt, als die im Studientext präsentierten Kinderschutzfälle genau diese Spannungslinie und darin enthaltene spezifische, auf den jeweiligen Fall gerichtete Spannungsmomente solcher Beziehungskonstellationen veranschaulichen. Präsentiert werden zwei Kinderschutzfälle, so wie sie sich in einem Jugendamt zugetragen haben, interpretiert auf der Grundlage der verfügbaren Fallakten. Anhand solcher Falldokumentationen lässt sich der Gesamtarbeitsablauf der Kinderschutzarbeit rekonstruieren, von der Entgegennahme erster Gefährdungshinweise bis zum Schutzeingriff, wenn dieser nötig wird, aber auch seinen Folgen. Insofern sind Jugendamtsakten ein geeignetes Instrument zur Reflexion beruflicher Handlungsentscheidungen und ihrer inneren Verkettung, also auch jener Arbeitsweisen, die mit der Einhaltung oder Missachtung partizipativer und interdisziplinärer Kinderschutzarbeit einhergehen. Die präsentierten Fälle geben daher nicht nur Auskunft über eine Interventionspraxis am Einzelfall, sie sind auch ein methodisches Werkzeug für eine Theorie-Praxis-Vermittlung. Professionelles Handeln verlangt danach, die hinter diesen skizzierten Spannungen liegenden widersprüchlichen Erwartungen am Fall auszutarieren, sie auszuhalten, zu reflektieren bzw. ‚handlungs- oder gestaltsicher' mit ihnen auch in unsicheren Situationen umzugehen. Andernfalls bricht professionelles Handeln zusammen. Es drohen berufliche Einschränkungen bis hin zum Verlust der beruflichen Überzeugung, Entscheidendes zum Kinderschutz beitragen zu können.

Zum Aufbau

Einleitend werden, wie bereits oben angedeutet, die rechtlichen Rahmenbedingungen im Kinderschutz beschrieben. Konkret geht es um wichtige Entwicklungen im Kinder- und Jugendhilferecht und ihre Bedeutung für den Umgang mit Gefährdungsfällen. Kap. 1 und 2 sind den grundlegenden Rechtspositionen gewidmet und aktuellen rechtlichen Entwicklungen im Kinderschutz über die letzten beiden Dekaden, beginnend mit einer allgemeinen Einschätzung über die rechtliche Ausgangssituation zum Verhältnis von Elternrecht und Kindeswohl nach Einführung des Kinder- und Jugendhilferechts (SGB VIII) 1990 bis hin zum 2021 verabschiedeten Kinder- und Jugendstärkungsgesetz (KJSG). Kommentiert wird die Vorstellung wichtiger rechtlicher Handlungsvorschriften durch aktuelle Studien und deren Befunde aus der Kinderschutzforschung.

Kap. 3 und 4 richten sich auf den Professionsbegriff und auf die Fragestellung, wie Professionen gemeinsame Arbeitsprojekte bewältigen – eben multiprofessionell oder interdisziplinär zusammenarbeiten. Zunächst wird an die klassische Professionstheorie angeschlossen und es werden zwei unterschiedliche Zugänge zur beruflichen Sonderrolle von Professionen beschrieben. Aus einer strukturtheoretischen Perspektive liegen die besonderen Anforderungen an professionelles Handeln begründet in der Beziehung zwischen Fachkräften und Klient*innen. Diese Beziehung ist geprägt durch Unsicherheiten, durch Krisen und Asymmetrien im Hinblick auf Wissen und Kompetenzen. Arbeitsbeziehungen auf dieser Grundlage zu stabilisieren, beispielsweise durch eine Orientierung an gesellschaftlichen Zentralwerten oder durch ganz praktische Vorkehrungen, ist eine wesentliche Leistung oder Funktion von Professionen. Die zweite Perspektive fragt hingegen nach den Außenkontakten von Professionen, wie es also – auch historisch gesehen – Professionen gelungen ist, exklusive Ansprüche auf eine berufliche Sonderrolle durchzusetzen. Diese beiden Perspektiven wurden auch deswegen in diesen Studientext einbezogen, weil sie auf theoretischer Ebene beschreiben, welche besonderen Herausforderungen im Umgang mit Klient*innen und im Einbezug unterschiedlicher Berufsgruppen bestehen bzw. weil sie verdeutlichen, dass und wie Kinderschutzaufgaben gemessen an diesen Kriterien als überaus anspruchsvolle und mithin Professionalität in Frage stellende Aufgaben reflektiert werden können. Kap. 4 widmet sich der Frage nach unterschiedlichen Formen der Zusammenarbeit. Dabei wird die Position vertreten, dass professionelle Kooperationen nicht einfach vorausgesetzt werden können, sondern dass sich an das Eingehen von Kooperationen bzw. das Hinzuziehen von Expertensystemen besondere Voraussetzungen knüpfen und danach gefragt werden muss, ob, wann und warum Professionen nebeneinander – miteinander – oder – gegeneinander – arbeiten.

Kap. 5 versteht sich als kurze Erläuterung, warum Fallakten eines Jugendamts eine geeignete Datengrundlage für die Rekonstruktion von Kinderschutzverläufen darstellen. In diesem Kapitel soll darüber hinaus deutlich werden, warum sich Fallanalysen auf der Basis tatsächlich ereigneter Kinderschutzfälle für eine Reflexion beruflicher Herausforderungen im Kinderschutz anbieten und welche Rückschlüsse sie auf die angesprochenen Dimensionen partizipativer und interdisziplinärer Kinderschutzarbeit zulassen.

In Kap. 6 und 7 werden zwei Kinderschutzfälle präsentiert und interpretiert. Der Fall zu Familie Schön wurde auch aus dem Grund ausgewählt, als sich an ihm das Scheitern einer Kinderschutzintervention verdeutlichen lässt, obschon die beteiligten Fachkräfte im Sinne rechtlicher Vorgaben und im Interesse eines betroffenen Kindes handeln. Am Fall Schön lässt sich zeigen, dass fachliche Ansprüche im Kinderschutz nicht im reinen Gesetzesvollzug aufgehen, aber auch welche Konsequenzen zu bedenken sind, wenn sich Fachkräfte der Kinder- und Jugendhilfe von einer eigenständigen sozialpädagogischen Perspektive entfernen, diese eben nicht in die Fallarbeit einbringen und stattdessen anderen Professionen das Feld der Gefahrenabwehr und Entscheidungen über den Verbleib des betroffenen Kindes überlassen. Beim Fall von Familie Franke handeln die Fachkräfte der Kinder- und Jugendhilfe stärker im Interesse der Familie durch die Planung familienunterstützender Hilfen trotz einer angespannten Gefährdungslage. Dieser Fall lässt sich als Hinweis darauf verstehen, dass es den zuständigen Fachkräften nicht gelungen ist, eine stabile Arbeitsbeziehung zu Frau Franke aufzubauen, die eben auch dann Bestand hat, wenn es nicht nur darum geht, eine Herausnahme des Kindes abzuwenden. Auch in diesem Fall lässt sich zeigen, wie sehr sich Beziehungsqualitäten zu Fachkräften auch auf die Abstimmung multiprofessioneller Kooperationen auswirken. Wann also Fachkräfte der Jugendhilfe bereit sind, Risiken in der Arbeit mit Familien einzugehen mit dem Ergebnis diese Beziehungen bzw. die Perspektive der Betroffenen auch gegenüber anderen Berufsgruppen zu verteidigen.

Inhaltsverzeichnis

Abbildungsverzeichnis

Der rechtliche Handlungsrahmen im Kinderschutz – Ausgangspunkte

1

Zum Einstieg in die Thematik des Kinderschutzes ist es notwendig, die rechtlichen Rahmenbedingungen näher zu betrachten.[1] Es ist zwar nicht davon auszugehen, dass sich alle fachlichen Herausforderungen im Umgang mit Kinderschutzfällen unmittelbar in Gesetzestexten niederschlagen oder von dort aus hergeleitet werden können, dennoch ist insbesondere für den Umgang mit Gefährdungsfällen der rechtliche Rahmen als Bedingungskontext von Zuständigkeiten und fachlichen Handlungsmöglichkeiten von grundsätzlicher Bedeutung. Im Kinderschutz ist auch vor dem Hintergrund der juristischen Folgen gescheiterter Kinderschutzverfahren eine enge Anbindung von Fachlichkeit und Recht nachzuweisen.

Es lässt sich zu Beginn am Hinweis ansetzen, dass das Erziehungsrecht der Eltern grundgesetzlich geschützt ist. Art. 6 Grundgesetz bestimmt unter dem Stichwort „Schutz von Ehe und Familie" in Absatz 2:

> „Pflege und Erziehung (der Kinder) sind das natürliche Recht der Eltern und die zuvörderst ihnen obliegende Pflicht. Über ihre Betätigung wacht die staatliche Gemeinschaft".

Daraus leitet sich der Aufgabenbereich und das Fachlichkeitsgebot für die Jugendhilfe ab: Die Soziale Arbeit in diesem Feld soll junge Menschen und ihre Familien fördern sowie Kinder und Jugendliche vor Gefahren für ihr Wohl schützen. Mit dieser doppelten Aufgabenbeschreibung verbindet sich ein ambivalentes Verhältnis

---

[1] Allgemein wurde bisher in der Professionalisierungsdebatte der Sozialen Arbeit zu wenig Augenmerk auf die rechtlichen „Einflussgrößen" gelegt, die gewissermaßen das institutionelle Fundament der faktischen Professionalisierung in diesem Feld bilden (Bohler 2006).

© Der/die Autor(en), exklusiv lizenziert an Springer Fachmedien Wiesbaden GmbH, ein Teil von Springer Nature 2025
T. Franzheld, *Multiprofessionelle Zusammenarbeit – Kinderschutz interdisziplinär und partizipativ*, Studientexte zur Soziologie, https://doi.org/10.1007/978-3-658-49642-5_1

zwischen Helfen und Eingreifen als gemeinsame, aber widersprüchliche Aufgabe der Jugendämter. Denn im Falle einer Gewährung von Hilfen zur Erziehung (gemäß §§ 27–35a SGB VIII) steht die Anspruchsberechtigung der Eltern auf behördliche Unterstützungsleistung im Vordergrund. Wohingegen der Schutzaspekt für Kinder und Jugendliche im „Wächteramt" und Eingriffsrecht der Jugendämter gemäß § 42 (1) SGB VIII (Inobhutnahme) zum Ausdruck kommt. Hier heißt es:

> „Das Jugendamt ist berechtigt und verpflichtet, ein Kind oder einen Jugendlichen in seine Obhut zu nehmen, wenn […] eine dringende Gefahr für das Wohl des Kindes oder des Jugendlichen die Inobhutnahme erfordert."

Gerechtfertigt sind solche Inobhutnahmen aber nur dann, wenn entweder die Sorgeberechtigten in eine Herausnahme einwilligen oder triftige Gründe vorliegen, die eine Unterbringung im Sinne einer Schutzmaßnahme nötig machen oder aber, wenn Kinder und Jugendliche selbstständig um Obhut bitten. Eingriffskriterium ist laut bundesdeutscher Rechtsprechung eine Kindeswohlgefährdung:

> „Wird das körperliche, geistige oder seelische Wohl des Kindes oder sein Vermögen gefährdet und sind die Eltern nicht gewillt oder nicht in der Lage, die Gefahr abzuwenden, so hat das Familiengericht die Maßnahmen zu treffen, die zur Abwendung der Gefahr erforderlich sind" (§ 1666 Satz 1 BGB).

Aus der Perspektive der betroffenen Kinder und Jugendlichen gefährden solche Situationen ihre Persönlichkeitsentwicklung – nach dem SGB VIII die übergeordnete Zielstellung aller Leistungen und Angebote der Kinder- und Jugendhilfe:

> „Jeder junge Mensch hat ein Recht auf Förderung seiner Entwicklung und auf Erziehung zu einer selbstbestimmten, eigenverantwortlichen und gemeinschaftsfähigen Persönlichkeit" (§ 1 Satz 1 SGB VIII).

Bei einer manifesten Gefährdung, die nicht durch die Sorgeberechtigten abgewendet wird und von ihnen auch kein hinreichender Wille zu erkennen ist, an einer Gefahrenabwehr der Jugendämter mitzuwirken, handeln die dort zuständigen Fachkräfte im stellvertretenden Interesse der betroffenen Kinder, um im öffentlichen Auftrag ihr Wohlergehen sicherzustellen. Aus diesem *advokatorischen Prinzip der Schutzgewährung* ergibt sich auch ein besonderer fachlicher Arbeitsauftrag und rechtliche Begründungsverpflichtung (Oelkers & Schrödter 2008, S. 143). Denn bei der Anwendung von Zwangsmaßnahmen gegen die Personensorgeberechtigten zum Schutz von Kindern muss von Familiengerichten geprüft werden, ob sie dem Verhältnismäßigkeitsgrundsatz entsprechen, ob also die angedachten, unfreiwilligen Herausnahmen im Hinblick auf die Sicherung des Kindeswohls geeignet, angemessen und notwendig sind. Verhältnismäßigkeit bedeutet, dass die Schutzgewährung nur durch einen Eingriff in die Persönlichkeitsrechte, die elterliche Sorge, erreicht werden kann (Geeignetheit), es kein milderes Mittel zur Sicherung des Kindeswohls gibt (Erforderlichkeit) und der angestrebte Erfolg der Unterbringung nicht in einem Missverhältnis zur Intensität der Maßnahme steht (Angemessenheit) (Oelkers & Gaßmöller 2021).

Für die Grundkonstellation im Kinderschutz lässt sich die skizzierte Rechtslage folgendermaßen zusammenfassen: Dem staatlichen Eingriff in Familien geht das natürliche Erziehungsrecht (§ 1 Abs. 1 Satz 2 SGB VIII) der Eltern voraus, die erst bei einem ‚Ausfall' ihrer Erziehungsverantwortung und einer durch sie verursachten Kindeswohlgefährdung (§ 8a SGB VIII) mit Interventionen, von kurzfristigen Schutzmaßnahmen bis langfristigen Fremdunterbringungen ihrer Kinder (§ 42 SGB VIII), rechnen müssen. Das Elternrecht stärkt den primären Erziehungsauftrag der Familie. Dieser schwindet erst allmählich im Zuge der Entwicklung zu einer eigenständigen Persönlichkeit des Kindes und beinhaltet ebenso ein „Abwehrrecht gegen Übergriffe des Staates" (Wiesner 2013, S. 236). In der Architektur der Bundesgesetzgebung vermittelt das Kindeswohl insofern zwischen drei unterschiedlichen Perspektiven; zwischen dem Individualrecht von Kindern und Jugendlichen auf körperliche und geistige Unversehrtheit sowie der Förderung ihrer Persönlichkeit im Rahmen ihres Rechtsanspruchs auf Erziehung, dem Recht der Eltern diese Entwicklung durch Erziehung eigenständig, ohne staatliche Einflussnahmen zu gewährleisten sowie dem staatlichen Wächteramt, angeregt durch Jugendamt und Familiengerichte, Gefährdungen von Kindern und Jugendlichen abzuwenden.

Diese hier skizzierte und im Jugendhilferecht kodifizierte kompensatorische Schutzgewährung durch Jugendämter und Familiengerichte wurde bereits mit der Einführung des SGB VIII (KJHG) 1990 rechtlich bestärkt. Das damals als Leistungsgesetz eingeführte Kinder- und Jugendhilfegesetz betont mit dieser Ausrichtung die Anerkennung des Eigengestaltungsanspruchs von Familie über ihre Sorgetätigkeiten und kombiniert diese mit neuen Ansätzen der Dienstleistungsorganisation. Das SGB VIII ist zu einem Zeitpunkt eingeführt worden, als die fachlichen Diskussionen im Feld der Jugendhilfe von Konzepten der *Lebensweltorientierung* und *Dienstleistungsorientierung* geleitet wurden. Damit sollte eine neue fachliche Grundhaltung eingeübt werden und eine moderne Verwaltung alte Fürsorgeprinzipien in der Jugendhilfe ablösen.

Auf der einen Seite wurde im 8. Kinder- und Jugendbericht (1990), als ein zentrales fachpolitisches Steuerungsinstrument der Kinder- und Jugendhilfe, von der damals eingesetzten Sachverständigenkommission eine Lebensweltorientierung in den öffentlichen Hilfesystemen gefordert. Dem Leitbild der Lebenswelt-

orientierung nach verflüssigen sich moderne Erziehungs- und Familienvor-
stellungen zu pluralen Lebensführungskonzepten, verankert in der konkreten
Lebenswelt der Familie. Der Modus der Hilfe verschiebt sich von einem für-
sorgenden Charakter hin zu präventiven, partizipativen, dezentralen und alltags-
nahen Handlungsmaximen (Thiersch et al. 2012), die sich insgesamt dem Auftrag
der ‚Hilfe zur Selbsthilfe' unterordnen. Die Dienstleistungsorientierung wiederum
zielt auf der anderen Seite auf eine Reform der Sozialverwaltung. Auch aufgrund
einer Kritik am paternalistischen Expertenmodell der Wohlfahrtsfürsorge und des
zunehmenden Kostendrucks in den Kommunalverwaltungen sollten sich öffentliche Leistungen neuen Managementmethoden öffnen und zu effizienten, wirk-
samen und aktivierenden Dienstleistungen wandeln (Oechler 2018; Otto & Ziegler
2018). Vorausgesetzt wurde dafür nicht nur der mündige Bürger und eine mit ihm
verbundene Stärkung der Kundenorientierung bei der Hilfegewährung, sondern
auch seine Mitwirkung in der Leistungserbringung wird als wichtige Stütze, ja gar
als ein Qualitätsmerkmal von Dienstleistungen in der modernen Sozialverwaltung
angesehen. In den sogenannten Erbringungsverhältnissen von Hilfen, also in den
konkreten Hilfeprozessen, wird seither von einer stärkeren Mitverantwortung von
Familien und der Ko-Produktion von Hilfeleistungen ausgegangen. Nachfrage-
orientierung und Betroffenenbeteiligung waren mit der Einführung des SGB VIII
wichtige Säulen in der sozialpädagogischen Fachdiskussion.

Rechtliche Zäsuren im Kinderschutz 2

Angesichts dieser auf Dienstleistung und Lebenswelt ausgerichteten beruflichen Deutungs- und Handlungsmuster wurde dem sozialen Hilfesystem seit Mitte der 2000er-Jahre wiederholt vorgeworfen, bei Fällen von Kindeswohlgefährdung falsch oder zu spät eingegriffen zu haben. Besonders spektakuläre (Todes-)Fälle ließen den Vorwurf aufkommen, dass den Fachkräften in der Jugendhilfe das ‚Sensorium' für die Schutzbedürftigkeit von Kindern abhandengekommen sei (Fegert et al. 2010). Entsprechende Defizitanalysen haben nicht lange auf sich warten lassen und gaben zu erkennen, dass die fachlichen Leitbilder von Lebenswelt und Dienstleistung den Schutzauftrag an den Rand des beruflichen Selbstverständnisses der Kinder- und Jugendhilfe gedrängt hatten (Brandhorst 2015; Biesel & Wolff 2014). Zu viel Autonomie der Familie und eine zu stark akzeptierende Haltung gegenüber Formen abweichenden Erziehungs- und Versorgungsverhaltens, aber auch Organisationsmängel, die zu hohen Fallbelastungen und unpassenden Methoden der Fallbearbeitung führten, wurden als Gründe angeführt, die eine Neuausrichtung der Jugendhilfe im Kinderschutz notwendig gemacht haben.

Diese Neuausrichtung lässt sich an Zahlen zur Sozialstatistik verdeutlichen. Der Trend von Maßnahmen, die auf den vorläufigen Schutz von Kindern und Jugendlichen abzielen, kennt seit 2005 nur eine Richtung (siehe Abb. 2.1): Während bis 2005 die Zahl der Schutzmaßnahmen für Kinder und Jugendliche stabil blieb (2001/31.438 Fälle) beziehungsweise bis 2005 sogar leicht rückläufig war (2005/25.442 Fälle), ist nach 2005 eine stetige Zunahme von Inobhutnahmen zu verzeichnen (ausgenommen der Anstieg und Abfall der Fallzahlen zwischen 2014 und 2018, der auf die Aufnahme unbegleiteter minderjähriger Flüchtlinge zurückgeführt wird). Für den Anstieg der Zahlen nach 2006 sind nach allgemeiner Lesart

© Der/die Autor(en), exklusiv lizenziert an Springer Fachmedien
Wiesbaden GmbH, ein Teil von Springer Nature 2025
T. Franzheld, *Multiprofessionelle Zusammenarbeit – Kinderschutz
interdisziplinär und partizipativ*, Studientexte zur Soziologie,
https://doi.org/10.1007/978-3-658-49642-5_2

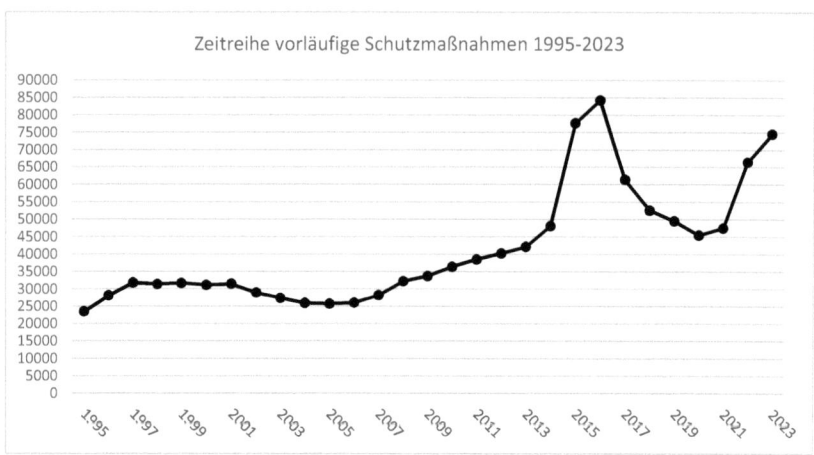

Abb. 2.1 Zeitreihe vorläufige Schutzmaßnahmen. Quelle – Statistisches Bundesamt: Kinder- und Jugendhilfestatistik: vorläufige Schutzmaßnahmen

die in der Öffentlichkeit breit erörterten schweren Fälle von Kindesmisshandlung und -vernachlässigung mitverantwortlich. In diesen Debatten wurde verständlicherweise verstärkt danach gefragt, warum die involvierten und zuständigen Jugendämter „ihrem gesetzlichen Wächteramt nicht nachgekommen waren und Risiken offenbar falsch eingeschätzt hatten" (Biesel 2008, S. 6).

2.1   Der Schutzauftrag der Kinder- und Jugendhilfe nach dem § 8a SGB VIII

Bereits kurz vor dem öffentlichen Bekanntwerden der anschließend auch medial skandalisierten Kinderschutzfälle wurde im Zuge der Einführung des *Kinder- und Jugendhilfeweiterentwicklungsgesetzes* (KICK) 2005 der § 8a SGB VIII als neuer ‚Kinderschutzparagraph' in das Kinder- und Jugendhilferecht aufgenommen. Ziel der neuen Rechtsvorschrift war eine Handlungsnormierung der zuständigen Fachkräfte in den Jugendämtern bei der Bearbeitung ‚gewichtiger Gefährdungshinweise', also der Umsetzung eines festgelegten Verfahrens zur Klärung von Gefährdungen für Kinder. Mit dem Fokus auf die Bearbeitung von konkreten Gefährdungshinweisen orientiert sich der § 8a SGB VIII an einem Handlungsablauf zur Verdachtsabklärung, basierend auf der Bearbeitung konkreter Gefährdungshinweise. Gegenüber der Hilfeorientierung nach der Einführung des SGB VIII rückt der Kinderschutzparagraf den Schutzauftrag der Jugendämter, also letztlich auch ihren Kontrollauftrag, wieder stärker in das fachliche Bewusstsein. Die Präzisierung des Schutzauftrags durch den Gesetzgeber habe zwar den Sinn, so heißt es im Kommentar zum SGB VIII (Meysen 2009, S. 108), die Jugendhilfe besser vor „Fremddefinitionen" anderer Institutionen und Professionen zu schützen. Gleichzeitig nehme aber das Risiko zu, dass eine interne formale Überregulierung eintrete, die dazu führe, „notwendige fachliche Einschätzungen an die gesetzlichen Vorgaben zu delegieren". Zum besseren Verständnis werden im Folgenden wichtige Absätze des § 8a im Hinblick auf ihre institutionellen und professionellen Auswirkungen besprochen.

§ 8a SGB VIII Schutzauftrag bei Kindeswohlgefährdung
„Werden dem Jugendamt gewichtige Anhaltspunkte für die Gefährdung des Wohls eines Kindes oder Jugendlichen bekannt, so hat es das Gefährdungsrisiko im Zusammenwirken mehrerer Fachkräfte abzuschätzen. Dabei sind die Personensorgeberechtigten sowie das Kind oder der Jugendliche einzubeziehen, soweit hierdurch der wirksame Schutz des Kindes oder des Jugendlichen nicht in Frage gestellt wird. Hält das Jugendamt zur Abwendung der Gefährdung die Gewährung von Hilfen für geeignet und notwendig, so hat es diese den Personensorgeberechtigten oder den Erziehungsberechtigten anzubieten" (§ 8a Abs. 1 SGB VIII).

Absatz 1 des § 8a SGB VIII betont, dass das Jugendamt für die Wahrnehmung und Abschätzung einer Kindeswohlgefährdung *zuständig* ist. Unter dem Gesichtspunkt der formalen Zuständigkeit legt das Gesetz damit fest, dass der öffentliche Träger der Jugendhilfe, das örtliche Jugendamt, die Gesamtverantwortung im Kinderschutz trägt. Zur Frage des Abschätzens des Gefährdungsrisikos heißt es im Gesetzeskommentar: Was unter „gewichtigen Anhaltspunkten" für eine Gefährdung des Kindeswohls zu verstehen sei, könne nur begrenzt juristisch geklärt werden, sondern müsse sich in erster Linie fachlich auf der Basis materialen sozialwissenschaftlichen Wissens ergeben (ebd., S. 109). Das Gesetz verlangt zudem laut Kommentar eine Dokumentation der „wahrgenommenen Anhaltspunkte einer Gefährdung" und durch das Jugendamt eine erste fachliche Einschätzung über die Notwendigkeit und Geeignetheit möglicher sozialpädagogischer Maßnahmen.

Seit 2013 werden in der amtlichen Kinder- und Jugendhilfestatistik diese Gefährdungseinschätzungen systematisch erfasst. 2021 liegt der Wert der Gesamtverfahren schon fast bei 200.000 Fällen und damit fast doppelt so hoch wie zu Beginn der Berichterstattung (106.623 Fälle im Jahr 2012). Zählt man in der Bundesstatistik Bekannte und Nachbar*innen, Personensorgeberechtigte, Verwandte und Minderjährige als Gruppe von Meldern zusammen (siehe Abb. 2.2), dann kommen ca. 26 % der durch sie erfolgten Meldungen auf Kindeswohlgefährdung aus dem

Abb. 2.2 Verdachtshinweise Kindeswohlgefährdung 2023 nach Institution und Person. Quelle – Statistisches Bundesamt 2023 – Gefährdungseinschätzungen nach § 8a SGB VIII

engeren Familienumfeld. Mehrheitlich handelt es sich aber um Fremdmeldungen von Institutionen oder Privatpersonen, die Verdachtshinweise wahrnehmen und an das Jugendamt weitergeben. Insbesondere bei der Überprüfung der Gefährdungslage in den vom § 8a geforderten Abklärungsverfahren erschweren unterschiedliche fachliche, institutionelle oder persönliche Perspektiven eine im Hinblick auf die Kindeswohlsicherung belastbare Falleinschätzung. Es besteht beispielsweise die Gefahr, sich mit einer Meldung beim Jugendamt der Verantwortung für Kinderschutzfälle zu entledigen, aber auch die Möglichkeit, gegenüber dem Jugendamt und Vertreter*innen der Kinder- und Jugendhilfe besondere berufliche Ansprüche auf die Sicherung des Kindeswohls zu erheben. Sowohl Verantwortungsdelegationen als auch das Beanspruchen beruflicher Zuständigkeit lassen sich in Meldebeziehungen rund um die Kindeswohlsicherung nachweisen (Franzheld 2017) bzw. das Kindeswohl allgemein als eine Art „Vehikel der Kompetenzverlagerung" (Simitis 1988, S. 170) zwischen Kinderschutzakteuren beschreiben. Es verwundert daher nicht, dass sich auch in der offiziellen Meldestatistik zur Gefährdungseinschätzung die gemeldeten Verdächtigungen nur zu rund einem Drittel bestätigen. Zu einem weiteren Drittel veranlassen sie weitere Beratungs- und Unterstützungsmaßnahmen, ohne konkrete Gefährdungen für Kinder und Jugendliche ausgemacht zu haben. Und zu einem letzten Drittel können die Verdachtshinweise nicht bestätigt werden (Destatis 2023). Durch das Verdachtsprinzip bei der

Meldung einer Gefährdung und der rechtlichen Notwendigkeit zur Gefährdungseinschätzung sind Beurteilungsprozesse in Kindeswohlverfahren mit erheblichen
Risiken und Unsicherheiten verbunden.

2.1.1 Handeln unter Unsicherheit nach einer Gefährdungsmeldung

Wird dem Jugendamt ein Fall faktischer oder drohender Gefährdung unvorbereitet
von dritter Seite ‚gemeldet‘, verstärkt dies den Handlungsdruck. „So ist etwa für
Alltagsdeutungen eine ökonomische *Tendenz zur Normalisierung* charakteristisch,
die sich in dem Bemühen der Handelnden manifestiert, deutungsbedürftige Ereignisse zunächst als gewöhnliche, ‚normale‘ Vorgänge wahrzunehmen und erst im
weiteren Interpretationsprozess zu ungewöhnlichen Typisierungen zu greifen"
(Bergmann 1993, S. 286). Dagegen verschärfen sich die Bedingungen des Ver-
stehens für die Beteiligten in allen Dringlichkeits-, Not- und Alarmsituationen,
weil sie „mit dem Problem konfrontiert sind, dass in kürzester Zeit Entscheidungen
getroffen werden müssen, die aktuelle Gefahren oder Störungen des Zusammenlebens betreffen – Entscheidungen, von denen möglicherweise Menschenleben abhängen" (ebd., S. 287). Für den Umgang mit Fällen von Kindeswohlgefährdung
heißt das, dass im Jugendamt zunächst eingeschätzt werden muss, ob eine akute
Gefährdung vorliegt, die eine praktische Gefahrenabwehr notwendig macht. In
einem zweiten Schritt muss das Gespräch mit den betroffenen Eltern gesucht werden. Die in der Praxis üblichen ‚Abklärungsverfahren‘ dafür sind der Hausbesuch
oder das Beratungsgespräch im Jugendamt.

Stefanie Büchner (2018, S. 116) spricht vor dem Hintergrund der in Jugendämtern seither zu beobachtenden Fallarbeit von einem Prinzip der „Vernotfallung".
Dieses Notfallprinzip lässt sich einerseits auf große Unsicherheiten der Fachkräfte
zurückführen, die wiederum dazu führe, so Büchner, Neufälle im Modus eines
antizipierten ‚Worst-Case-Szenarios‘ zu bearbeiten, dass sie – die zuständigen
Fachkräfte – also mit dem Schlimmsten rechnen und versucht sind, sich entsprechend der rechtlichen Vorgaben gegen Fehlhandlungen und Schadensfälle abzu-
sichern. Andererseits stützen sich solche Notfalllogiken auch auf neue Verfahrens-
vorschriften. Die fachpolitischen Kinderschutzdiskussionen nach 2005 haben zum
Aufbau neuer Kinderschutzdienste (seit ca. 2007) in den Kommunen geführt, die
seither systematisch und flächendeckend bezogen auf das Bundesgebiet in die Gefahrenabwehr des Jugendamts einbezogen werden. Solche Sonderdienste werden
auf ganz unterschiedliche Weise in die Fallarbeit eingebunden und haben in der
Organisationsentwicklung der Jugendämter auf unterschiedliche Weise zur Spezi-

alisierung der Kinderschutzarbeit beigetragen. Die Heterogenität ihrer inhaltlichen
Ausrichtung und formale Einbindung in Organisationsstrukturen lässt sich zurückführen auf bundeslandspezifische Vorgaben von den überörtlichen Trägern der öffentlichen Jugendhilfe, den Sozialministerien und Landesjugendämtern, sowie auf
ihre kommunale Umsetzung in den örtlichen Jugendämtern (Franzheld 2017).
Auch wenn es daraufhin, also nach 2005, zu ganz unterschiedlichen Entwicklungen
in den kommunalen Hilfesystemen kam, lassen sich die Spezialisierungen in der
Kommunalverwaltung folgendermaßen beschreiben.

(1) Eine verstärkte institutionelle und personelle Trennung der Fallbearbeitung in
     Bereiche der Hilfegewährung und Gefährdungseinschätzung, also letztlich
     eine organisational herbeigeführte Aufspaltung der Fallarbeit in Hilfe und
     Kontrolle. Der Einbezug von Kinderschutzbeauftragen oder Dienstvor-
     schriften, die ein frühzeitiges ‚Einspuren‘ der Fälle auf einen der beiden Ver-
     fahrensmodi nach sich ziehen, waren mitunter die Folge. Problematisiert wur-
     den diese Entwicklungen vor dem Hintergrund der durch sie geschaffenen
     Engführung der Fallarbeit und der damit verbundenen „Umschaltproblematik"
     (Büchner 2018, S. 224), weil dynamische Fallentwicklungen und der zunächst
     offene Fallstatus einer Verdachtsmeldung organisational nicht abgebildet wer-
     den können. Befürwortet wurden diesen Entwicklungen von jenen Fachvertre-
     ter*innen, die in der Trennung von Hilfe und Kontrolle eine Chance zur Pro-
     fessionalisierung der Kinder- und Jugendhilfe gesehen haben (Schrödter
     2018). Mit dieser Trennung sei es möglich geworden, den Bereich therapeuti-
     scher Fallarbeit (also die Arbeit mit Klient*innen) und jenen Bereich staat-
     licher Schutzeingriffe (also die Kontrolle von Familien) fachlich zu trennen.
     Kritisiert hingegen von jenen Fachvertreter*innen, die dadurch die wider-
     sprüchliche Einheit der Fallarbeit bedroht sehen, gekennzeichnet durch *Hilfe
     und Kontrolle*. In deren Folge müssten solche Trennungen zu Standardisierun-
     gen und Formalisierungen der Jugendhilfepraxis führen (Franzheld 2018).
(2) Eine Tempoideologie der Fallbearbeitung. Denn bei Kriseninterventionen nei-
     gen Fachkräfte zu gerafften Verfahren, die aufgrund des Handlungsdrucks der
     antizipierten Bedrohungslage institutionelle Beweislasten überspringen und in
     den Entscheidungsstrukturen „Begründungs- und Geltungslücken" (Ortmann
     2004, S. 36) erzeugen. Teilweise werden Schutzverfahren als ‚lose Verfahren‘
     solange in Schwebe gehalten, bis die eingeleiteten Interventionen auch die nöti-
     gen Argumente oder Beweise für die getroffenen Entscheidungen zum Eingriff
     nachliefern. Kinderschutzverfahren suchen dann eher nach Bestätigung von Ge-
     fährdungen, als den Versuch zu unternehmen, auch Deutungsalternativen in die

Fallarbeit einzubeziehen. Das Verhältnis zwischen Fallauslegung und konkreter Schutzhandlung ist im Notfall meist zugunsten reaktiver Handlungsimpulse verschoben, was aber die Aufklärungsarbeit systematisch blind macht für alternative Fallbestimmungen (Cook & Gregory, 2019). Dieses Problem lässt sich als „Revisionsverzicht" (Franzheld 2022, S. 294) beschreiben.

(3) Eng damit verbunden ist das Problem der Priorisierung der Ersteinschätzung (Munro 1995). Ob und wann Fachkräfte eine Abklärung von Verdachtshinweisen für nötig halten, wann sie also in Kontakt mit ‚gemeldeten' Familien treten, ist nicht unwesentlich abhängig von ihrer Ersteinschätzung. Aufgrund der Notfallsituation, der damit verbundenen unsicheren Informationslage und aufgrund hoher Emotionalität der Fallbearbeitung orientieren sich Fachkräfte oftmals an formalen Entscheidungsstrukturen und Erfahrungswerten bei der Gefahrenbeurteilung. Als wesentliches Unterscheidungskriterium gilt den Fachkräften die Differenz von latenten und akuten Gefahren. Regelmäßig ist in der Praxis zu beobachten, dass die darunter erfassten Gefährdungskategorien nicht über die tatsächliche Gefährdung oder ihre Hintergründe aufklären, also den Fachkräften tatsächlich Anhaltspunkte über konkrete Gefahren für Kinder geben, sondern lediglich dazu dienen, die Reaktionszeiten zur Kontaktaufnahme mit Familien besser abzuschätzen oder die wenigen personellen Ressourcen der Jugendämter zu den gemeldeten Fällen in eine zeitliche Rangordnung zu bringen. So steht hinter der Einschätzung einer latenten oder akuten Gefährdung meist die Frage, ob die zuständigen Fachkräfte ‚gleich', ‚später' oder ‚gar nicht' zum Einsatz ‚ausrücken'. Auf diese reaktiven, auf konkrete Abklärungsschritte bezogenen Handlungsmuster lassen sich auch die in den Jugendämtern ‚gebräuchlichen' Gefährdungskategorien beziehen. Laut Sozialstatistik können unterschiedliche Formen von Vernachlässigung, körperlicher Misshandlung, psychischer Misshandlung oder Hinweise auf sexuelle Gewalt zum Einschreiten der Jugendämter führen. In den internen Entscheidungsverfahren der Jugendämter zeigt sich aber ziemlich deutlich, dass diese Einschätzungen in erster Linie zur Risikovermeidung und zur Rechenschaft fachlichen Handelns herangezogen werden (Ackermann 2017).

Charakteristisch für die Ausgangssituation zur Gefahrenabwehr ist daher nicht nur ein Informationsdefizit zur Lage der Familien, weil Meldungen immer nur in Ausschnitten ihre Lebenswirklichkeit wiedergeben und bei Fremdmeldungen auch einer institutionellen Vorprägung durch die beteiligten Meldesysteme unterliegen, sondern auch die hohe Emotionalität im Denken und Handeln der Fachkräfte. Die Abklärungspraxis kann dann leicht dazu tendieren, dass sich Fachkräfte aus Gründen der Risikovermeidung früher für Herausnahmen entscheiden (Freres et al. 2018).

Der fachliche Auftrag der Fachkräfte kann hingegen darin gesehen werden, lose oder widersprüchlich Hinweise zu Familien und Kindern zu einem ersten Bild zusammenzufügen, also zu einer vorläufigen Situationsdeutung zu „collagieren" (Abbott, 1988, S. 41). In diesem Bild ist die Frage eingeschlossen, ob nach der Ersteinschätzung überhaupt weitere Schritte auf Seiten des Jugendamts nötig sind. Die Ersteinschätzung entspricht damit handlungslogisch einer Art „„Vor-Diagnose" [als] die Entscheidung zur Entscheidungsfindung" (Althans, 2011, S. 85). Hinter der ersten Auslegung von Hinweisen steht also unweigerlich die Fragestellung, ob Fachkräfte aus einem Meldeereignis einen eigenen Handlungsauftrag her- oder ableiten können. Büchner (2018) hat im Rahmen einer professionstheoretischen Einordnung dieser Ausgangssituation eine entscheidende Differenz zu anderen Professionssystemen herausgearbeitet. Fachkräften der Jugendhilfe geht es im Kinderschutz vorrangig um das Vermeiden von Katastrophen. Ihre Sicherheitserwägungen zielen auf eine Strategie der Fehlervermeidung, die sich wiederum dadurch auszeichnet, die sichere Wahl einer langwierigen und mithin riskanten Abwägung vorzuziehen. Solchen Vermeidungsstrategien stehen Fallbearbeitungen im Modus der Konstruktion gegenüber (siehe auch Abschn. 3.2), die sich gezielt mit der Frage beschäftigen, wie auch langfristige Ziele in der Fallarbeit erreicht werden können, die also „nicht primär Vermeidungserfolge erzielen, sondern spezifische Leistungen herstellen" (ebd., S. 151). Geht es den Fachkräften lediglich darum, keine Fehler zu machen und Risiken zu vermeiden, aber nicht darum, sich die Hintergründe von Gefährdungen zu erschließen und Handlungspläne zu ihrer Bewältigung zu konstruieren, dann schwindet nicht nur die innere Überzeugung, Entscheidendes zum Schutz von Kindern beizutragen. Diese Haltung führt über längere Sicht auch zur Schwächung der eigenen Profession im Sinne einer Herabsetzung der fachlichen Standards und Selbstwirksamkeitsüberzeugung. Resignation und Überforderung, beides zu beobachten in den Jugendämtern, sind mitunter die Folge.

2.1.2 Der Umgang mit Familien in Kinderschutzverfahren

Eine weitere Schwierigkeit im Abklärungsprozess betrifft den Einbezug der Familien, die nach dem § 8a SGB VIII zwingend an einer Gefährdungseinschätzung mitwirken sollen. Zu beobachten sind in der Abklärungspraxis große *Partizipationsdefizite*. Grundsätzlich kann dazu eingeschätzt werden, dass Kontakte auf Basis einer Fremdmeldung ‚echte' Arbeitsbeziehungen erschweren bzw. den Kontakt zwischen Fachkräften und Familien unter einen Mitwirkungsvorbehalt stellen. Oftmals sind sowohl von den zuständigen Fachkräften, aber auch von Seiten der

Familien strategische Überlegungen im Spiel, die einer Zusammenarbeit im Weg stehen. „Bei der Gefährdungseinschätzung werden weder die Sichtweisen der Eltern und Kinder auf den Vorfall, noch deren Problemlösungspotential oder Wünsche für das zukünftige Vorgehen gründlich eruiert" (Freres et al. 2018, S. 3). Die Folge davon sind ein strukturelles Misstrauen im Einbezug der Eltern und stark interessengeleitete Formen der Mitwirkung. Fachkräfte rechnen regelrecht damit, dass Eltern zu ihrem Selbstschutz keine wahrheitsgemäßen Angaben machen, sich bei Hausbesuchen als gute Eltern präsentieren wollen oder nur soweit an einer Gefährdungseinschätzung mitwirken, wie sie dadurch einen Schutzeingriff abwehren können. Auf diese strategischen Überlegungen reagieren wiederum die in der Praxis eingesetzten Abklärungsverfahren. Statt eine persönliche Arbeitsbeziehung einzugehen, geht es den Fachkräften oftmals darum, Familien zu beobachten und dadurch belastbare Informationen zum Familienalltag oder der Gefährdung von Kindern zu erheben. Beobachtungen können durch regelmäßige (auch unangekündigte) Hausbesuche erfolgen, durch aufsuchende, im Haushalt der Familien eingesetzte, Familienhilfen (Sozialpädagogische Familienhilfe) organisiert werden (Richter 2012) oder auch durch stationäre Maßnahmen erreicht werden (siehe Ott 2020). Einerseits erzeugen solche Hilfen eine zeitliche und räumliche Streckung der Gefährdungseinschätzung, auch verbunden mit der Zielstellung, die ‚Momentaufnahme' der Ersteinschätzung auf ihre Belastbarkeit hin zu prüfen. Andererseits werden dadurch Bewährungssituationen für Eltern geschaffen, die darauf abzielen, die rechtlich geforderte Mitwirkungsbereitschaft im Abklärungsprozess auf die Probe zu stellen bzw. diese auch entsprechend der Verwaltungsanforderung dokumentieren zu können. Insofern sind Auflagen zur häuslichen Ordnung, Forderungen zur Beaufsichtigung oder Versorgung von Kindern oder die erzieherische Gestaltung von Eltern-Kind-Beziehungen einerseits gängige Argumentationen im Sinne fachlicher Zielstellungen in Kinderschutzverfahren, anderseits werden dieselben Forderungen aus strategischen Gründen dafür herangezogen, um bei ihrer Nichteinhaltung Nachweise an der Hand zu haben, die für eine Gefährdung sprechen bzw. zu einer Eingriffshandlung berechtigen. Aufgrund der geringen Belastbarkeit der Arbeitsbeziehung bzw. auch wegen des Prinzips der Verdächtigung werden solche strategischen Rechenschaften für die Fachkräfte zunehmend wichtiger.

Im Rahmen der beschriebenen Verdachtslogik verändern sich auch die Beweislasten in Kinderschutzverfahren. Denn statt das Eingriffshandeln der Jugendämter fachlich zu begründen, geht es immer mehr darum, dass Eltern eine Mitwirkungsbereitschaft an den Tag legen müssen und sich an der Gefahrenabwehr entsprechend ihrer Möglichkeiten beteiligen. So werden die Sorgeberechtigten stärker in die Pflicht genommen, Hilfen anzunehmen bzw. müssen sich dafür rechtfertigen,

wenn sie der Ansicht sind, keine Hilfen für sich oder ihre Kinder (mehr) zu benö-
tigen. Beschrieben wird diese Beweislastenumkehr auch als Form der Responsibi-
lisierung von Familien, mit der ihnen die Aufgabe zufällt, sich entsprechend der
Vorgaben der Sozialen Dienste als folgsame Eltern zu präsentieren. Solche Ver-
antwortungszuschreibungen führen aber auch zu einer stark individualistischen
und mithin schuldbehafteten Vorstellung von (verwirkter) Elternschaft oder anderen Defizitargumentationen gegenüber Eltern und ihrer Erziehung.

Begründet wird die Ausweitung solcher Bewährungsdynamiken wiederum mit
Transformationen in den Wohlfahrtssystemen: „Zentraler Bezugspunkt einer
„aktivierungsstaatlich" eingebetteten Kinder- und Jugendhilfe ist die Elternver-
antwortung als Normkomplex und Zielkategorie" (Oelkers 2011, S. 270). Aktivie-
rungen und darauf bezogene Sanktionsmaßnahmen sind aber nicht grenzenlos. So,
wie Schutzmaßnahmen versuchen unter der Bedingung eines öffentlichen Miss-
trauens Eltern auf Erziehungs- und Entwicklungsziele gegenüber ihren Kindern zu
verpflichten, so lassen sich gegenwärtig auch Bestrebungen zur Selbstbestimmung
und mithin Formen des Widerstands von Familien gegen Kinderschutzmaßnahmen
beobachten. Der Gegentrend zur öffentlichen ‚Regulierung des Familialen' scheint
nämlich darin zu liegen, dass es zunehmend schwierig wird, Gefährdungs-
informationen aus dem „Arkanbereich familialer oder häuslicher Erziehung"
(Amos et al. 2011, S. 10) herauszulösen. Formen des Widerstandes können darin
bestehen, eine innere Abwehrhaltung gegenüber Jugendämtern einzunehmen und
nur aus strategischen Gründen mit zuständigen Fachkräften zu kooperieren. Sie
können aber auch in manifester Form vorliegen, wenn Familien beispielsweise
Rechtsanwälte ‚einschalten', gezielt Gegengutachten zu ihrer Erziehungsfähigkeit
anfordern oder sich anderweitig den Zugriffen des Jugendamts entziehen (Franzheld 2023). Andererseits zeigen aktuelle empirische Studien, dass es Fachkräften
durchaus gelingen kann, Vertrauen auch unter der Bedingung des Verdachts einzuwerben, gewissermaßen Leidensdruck und eine Problemeinsicht auf Seiten der Familien sekundär zu erzeugen. Allerdings besteht eine große Schwierigkeit darin,
die Interessen von Familien bzw. auch die Perspektiven der beteiligten Familien-
mitglieder mit dem Kinderschutzauftrag in Einklang zu bringen, also eine Gefährdungseinschätzung vorzunehmen, die alle beteiligten Parteien trotz ihrer unterschiedlichen Perspektiven als konsensfähig betrachten (Brauchli 2021).

2.1.3   Familiengerichtliche Eingriffe in das Erziehungsrecht

„Hält das Jugendamt das Tätigwerden des Familiengerichts für erforderlich, so hat es
das Gericht anzurufen; dies gilt auch, wenn die Personensorgeberechtigten oder die
Erziehungsberechtigten nicht bereit oder in der Lage sind, bei der Abschätzung des

Gefährdungsrisikos mitzuwirken. Besteht eine dringende Gefahr und kann die Entscheidung des Gerichts nicht abgewartet werden, so ist das Jugendamt verpflichtet, das Kind oder den Jugendlichen in Obhut zu nehmen" (§ 8a Absatz 3 SGB VIII).

Zu diesem dritten auf die Zusammenarbeit zwischen Jugendamt und Familiengericht bezogenen Absatz bemerkt Meysen (2009, S. 119): „Wenn die Zugänge des JA (Jugendamts) zur Familie nicht ausreichen, die Gefährdung einzuschätzen, […] soll das FamG (Familiengericht) seine Autorität nutzen, die Kooperation der Beteiligten im Familiensystem mit dem JA […] zu befördern, Hilfeprozesse zu initiieren oder zu stützen". Kritisch merkt er allerdings an: „Bei aller Autorität des Gerichts sind bei einer frühzeitigen Anrufung auf Seiten des FamG die fachlichen Grenzen von Erörterungen der elterlichen Erziehung und der begrenzten Wirksamkeit sowie Wirkdauer familiengerichtlicher Ermahnungen und auf Seiten der JA das Bedürfnis zur eigenen Absicherung und Entlastung durch Verantwortungsdelegation zu reflektieren" (ebd., S. 120). Und auf der ‚Beziehungsebene' zu den Klient*innen sei die Anrufung der Familiengerichte mit erheblichem Störpotenzial verbunden: „Da in der Einschaltung der Gerichte eine erhebliche Misstrauensbekundung gegenüber den Eltern liegt, ist auch der Kontakt nach der Anrufung regelmäßig erheblich gestört. Daher haben die Fachkräfte im JA nicht nur eine Prognose hinsichtlich der Gefährdung des Kindes oder Jugendlichen zu treffen, sondern auch die Wirkung der Anrufung einzubeziehen" (ebd.). Zwar ist es Sache der Gerichte, über Eingriffe in das Sorge- und Erziehungsrecht zu entscheiden, es handelt sich bei dem Begriff der Kindeswohlgefährdung jedoch um einen unbestimmten Rechtsbegriff, der im Einzelfall mit Hilfe fachlichen Wissens ausgelegt werden muss. Danach ist inhaltlich zu klären, ob und inwiefern aus sozialpädagogischer Expertensicht eine Kindeswohlgefährdung vorliegt, die rechtlichen Handlungsbedarf nach sich zieht. Deutlich wird an dieser Regelung die grundlegende Bedeutung der Familiengerichte. Entgegen der landläufigen Vorstellung, Jugendämter würden Kinder aus Familien herausnehmen, ist dies nur möglich mit familiengerichtlicher Zustimmung, selbst wenn diese, worauf das Gesetz ausdrücklich hinweist, erst nachträglich, nach einer akuten Gefahrenabwehr, erfolgt. In jedem Fall handeln Jugendämter bei unfreiwilligen Inobhutnahmen nur in Absprache mit den zuständigen Familiengerichten.

Zwar ist das Vorliegen einer Gefährdung immer im Einzelfall zu prüfen, allerdings gibt es auch übergreifende, gesellschaftliche Tendenzen, auf welcher Grundlage familiengerichtliche Eingriffsentscheidungen getroffen werden. Scheiwe (2013) zeigt in ihren historischen Analysen, dass Schutzmaßnahmen gesellschaftsweit anerkannte Familienbilder reproduzieren und sich auch Zuschreibungen von Gefährdungslagen über die letzten 50 Jahre historisch gewandelt haben. Für die

1960er-Jahre zeigt sie exemplarisch eine nach Familienmilieu und Familienform differenzierte Bewertungspraxis der Jugendämter und Familiengerichte. Für die Milieu- und Klassenzugehörigkeit von Familien schätzt sie ein, dass sich „höhere Eingriffsschwellen bei Kindeswohlgefährdung gegenüber patriarchalisch-bürgerlichen ehelichen Familien einerseits, niedrigere rechtliche Eingriffs-schwellen bei ‚Verwahrlosung' des Kindes in den Familien der Unterschichten und bei Nichtehelichkeit des Kindes andererseits" (Scheiwe 2013, S. 214) zeigen. Auch heute stützen sich Gefährdungseinschätzungen oftmals auf die Vorstellung mütter-licher Erziehungspflichten (Alberth & Bühler-Niederberger 2017). Väter scheinen hingegen eine untergeordnete Rolle in Schutzverfahren zu spielen bzw. ihre Posi-tionierung bei Entscheidungen zum Kindeswohl scheint stärker von der Rolle ihrer (Mit-)Täterschaft abzuhängen. Auch wenn die fachlichen Entwicklungen seit den 1990er-Jahren auf eine Anerkennung unterschiedlicher Erziehungs- und Familien-bilder hinauslaufen und sich auch hinsichtlich normativer Vorgaben zu Familien und Erziehung zurückhalten, zeigen sich in Schutzverfahren gesellschaftliche Spaltungen entlang der Zuschreibung von Kindeswohlgefährdungen. Oelkers (2011) schätzt dazu ein, dass sich zwar die Entscheidungsprinzipien von Jugend-amt und Familiengericht von alten Fürsorgeprinzipien gelöst hätten und sich bei-spielsweise nicht mehr so stark an der der Zentralkategorie einer Verwahrlosung ausrichten, gleichwohl aber neue Spaltungen der Gesellschaft zu verzeichnen wären, die sich jetzt stärker vom Prinzip der Erziehungsfähigkeit, also von den persönlichen Kompetenzen der Erziehungspersonen herleiten. Im Ergebnis führt auch diese Entscheidungspraxis zu einer „Degradierung von bestimmten familial verankerten, milieuspezifischen Erziehungsformen" (ebd., S. 270).

Mitverantwortlich für diese Wandlungsfähigkeit von Erziehungsvorstellungen ist die *begriffliche Offenheit des Kindeswohls*. Juristisch ist diese Offenheit durch-aus funktional, um unterschiedliche Familien- und Erziehungsvorstellungen in einem Zentralbegriff zu bündeln. Fachlich ergeben sich daraus Folgefragen, die in jedem einzelnen Verfahren zu einer Auslegung und Konkretion einer Gefährdung aufrufen. Der Begriff sei aufgrund seiner Unbestimmtheit beispielsweise nicht in der Lage, konkrete Handlungsziele im Kinderschutz abzustecken und würde da-durch dazu führen, dass neben fachlichen Orientierungen auch persönliche Maß-stäbe oder milieuspezifische Blickweisen in die Fallarbeit einfließen. Zu erkennen unter anderem in einer mittelschichtsgeprägten Denkweise und darauf bezogene Normierungs- und Sanktionierungspraktiken, die zum Beispiel bei Ordnungs-fragen in der Familie hervorstechen. Scheiwe (2018) bestätigt dieses Grundpro-blem, denn das Kindeswohl eignet sich ihrer Ansicht nach nicht, um damit Aussa-gen über eine „gute Kindheit" oder „gute Erziehung" zu treffen. Verfahren, die eine Kindeswohlgefährdung abwenden, geht es vorrangig darum, einen Korridor von

Untergrenzen festzulegen, der als Mindeststandard von Erziehung und kindgerechten Aufwachsen nicht unterschritten werden soll. Aufgrund dieser juristischen Verankerung definiert sich das Kindeswohl bei familiengerichtlichen Entscheidungen nur über seine Negation, die Kindeswohlgefährdung.

Sozialpolitisch bietet diese Offenheit die Möglichkeit zur Steuerung von Diensten und Angeboten im Kinderschutz, also zur Vernetzung unterschiedlicher Hilfesysteme, die mit dem Kindeswohl auf eine gemeinsame Zielstellung – eben die Sicherung des Kindeswohl – verpflichtet werden. Dadurch sei überhaupt eine Koordination unterschiedlicher fachlicher Perspektiven in Kinderschutzverfahren möglich. Der Begriff Kindeswohl erfüllt dafür besondere Kriterien. Er ist im Alltagsgebrauch verankert, aber auch Gegenstand fachlicher Auseinandersetzungen und würde je nach fachlicher Perspektive und den darin eingelagerten disziplinären Maßstäben variieren. Nur so ist es beispielsweise. möglich, dass ‚besorgte Nachbar*innen' Hinweise auf Gefährdungen den Jugendämtern mitteilen, die dann die Grundlage für fachliche Urteile in den Hilfesystemen darstellen. In der sozialwissenschaftlichen Forschung wird für die Beschreibung solcher Brückenbegriffe das Konzept des Grenzobjekts herangezogen:

> „Grenzobjekte sind Objekte, die zum einen plastisch genug sind, um sich den lokalen Bedürfnissen und Zwängen der unterschiedlichen Praktiken anzupassen, bei denen sie zum Einsatz kommen, die zum anderen aber robust genug sind, um über die Verschiedenheit der lokalen Anwendungsfelder hinweg eine gemeinsame Identität aufrechtzuerhalten. […] Sie haben in verschiedenen sozialen Welten verschiedene Bedeutungen, aber ihre Struktur ist verschiedenen Welten geläufig, so dass sie wiedererkennbar sind und zur Übersetzung dienen können" (Star & Griesemer 1989, S. 393).

Hervorgehoben wird im Rahmen dieses Zitats die Übersetzungsleistung von Grenzobjekten, dass also unterschiedliche fachliche Perspektiven über einen gemeinsamen Begriff aufeinander Bezug nehmen können. Thomas Klatetzki hat die Figur des Grenzobjekts auf Kinderschutzverfahren übertragen und festgestellt, dass es für die beteiligten Fachkräfte darauf ankommt, eine schlüssige Fallgeschichte auf Basis einzelner Hinweise zu erzählen. „Als Grenzobjekt ist eine Fallgeschichte das Verbindungsglied zwischen all jenen Organisationen, die auf die Wahrnehmung, Definition und Bearbeitung sozialer Probleme spezialisiert sind" (Klatetzki 2013, S. 118). Nach Klatetzki ist die Beurteilung einer Kindeswohlgefährdung nur möglich durch eine narrative Fallkonstruktion, also die kommunikative Verbindung von Einzelinformationen zu Gefährdungsgeschichten. Diese Fallgeschichten wiederum sind im Kinderschutz, wie andere Erzählungen auch, strukturiert durch Formen der narrativen Sinnstiftung, beispielsweise als Verkettung von besonderen Ereignissen zu konkreten Problemzuschreibungen, moralische Urteile zu Schutzvorstellungen, manifeste Krisensituationen usw. (Klatetzki 2018); sie haben aber für die Jugendamtsorganisation eine spezifische Funktion. Aufgrund der Unsicherheit von Gefährdungshinweisen im Hinblick auf ihre Belastbarkeit und des Handlungsdrucks der akuten Gefahrenabwehr neigen Fachkräfte dazu, ihrer Vorerfahrung für die Konstruktion von Gefährdungsgeschichten eine große Bedeutung zuzumessen bzw. ihre Einschätzungen eng an das bereits bestehende Organisationswissen zu einem gemeldeten Fall zu knüpfen. Die Folge davon ist eine Gefahrenbewertung, die sich grundlegend an der Differenz von *bekannten* und *unbekannten* Familien ausrichtet (Franzheld 2017). Weil zu unbekannten Familien keine über das Organisationsgedächtnis des Jugendamts verfügbaren Referenzen zu Gefährdungen vorliegen, die zuständigen Fachkräfte also tatsächlich nur über die gemeldeten Verdachtshinweise verfügen, steigern sich auch die Unsicherheiten im Rahmen der Fallbewertung. Sicherheiten werden hingegen durch die Einbettung neuer Hinweise zu alten Fallgeschichten gewonnen, wenn sich also neue Meldungen nahtlos einfügen lassen in bekannte Fall- und Familiengeschichten. So nachvollziehbar diese Formen der Rationalisierung von Gefahren aus einer Sicht des Alltags erscheinen mögen, so schwierig bleiben sie für die fachliche Bewertung einer Kindeswohlgefährdung. Erstens erzeugen sie ein trügerisches Sicherheitsgefühl, weil sie davon ausgehen, dass Fallgeschichten stabil bleiben und sich auch die Bewertungsmaßstäbe für eine Gefährdung kaum verändern. Zweitens wird die Risikobewertung dadurch abhängig vom Nichtwissen zu Familien. Basiert eine Gefahreneinschätzung auf unbekannten Informationen, bestätigt sich darin meist eine fallunabhängige Sicherheitsorientierungen, die auch die Bereitschaft senkt, dieses Nichtwissen mit belastbaren Informationen aufzufüllen. Beide Aspekte machen das Handeln in Jugendämtern fehleranfällig (Klatetzki 2020).

2.1.4 Die akute Krisenintervention im Fall einer vorliegenden Gefährdung

Wichtig sind solche fachlichen Übersetzungsleistungen bzw. ein berufliches Fremdverstehen unter den Fachkräften insbesondere bei der akuten Gefahrenabwehr. Nur wenn Fachkräfte der Jugendhilfe gegenüber kooperierenden Berufssystemen sich im Hinblick auf die für sie vorliegende Gefahrenlage hinreichend verständlich machen können, ist auch mit koordinierten Handlungen zur Krisenintervention zu rechnen. Dafür schafft ebenso der § 8a SGB VIII eine formalrechtliche Handlungsgrundlage.

„Soweit zur Abwendung der Gefährdung das Tätigwerden anderer Leistungsträger, der Einrichtungen der Gesundheitshilfe oder der Polizei notwendig ist, hat das Jugendamt auf die Inanspruchnahme durch die Personensorgeberechtigten oder die Erziehungsberechtigten hinzuwirken. Ist ein sofortiges Tätigwerden erforderlich und wirken die Personensorgeberechtigten oder die Erziehungsberechtigten nicht mit, so schaltet das Jugendamt die anderen zur Abwendung der Gefährdung zuständigen Stellen selbst ein" (§ 8a Absatz 4 SGB VIII).

Mit Absatz 4 des Kinderschutzparagrafen werden den Jugendämtern bei der Verantwortungsübernahme und Aufgabenwahrnehmung im Kinderschutz rechtliche wie fachliche Grenzen aufgezeigt. Meysen (2009, S. 122) betont in diesem Kontext: „Medizinische Versorgung, die Gewährung von Hilfen durch andere Sozialleistungsträger (…), oder ein Einschreiten der Polizei als Gefahrenabwehr- und Strafverfolgungsbehörde, gehören nicht zu den Aufgaben von Jugendamt und Familiengericht". So ist das Einbeziehen der Gesundheitshilfe beispielsweise dann notwendig, wenn in Abklärungssituationen ärztliche Untersuchungen den Verdacht einer Kindeswohlgefährdung erhärten können oder wenn bei akuten Verletzungen gar eine medizinische Behandlung notwendig ist. Ein Einschalten der Polizei ist hingegen dann gefordert, wenn in Notsituationen, also bei ‚Gefahr im Verzug', der Schutz von Kindern und Jugendlichen nur mittels staatlicher Gewalt sichergestellt werden kann. Allerdings unterscheidet sich die sozialpädagogische Diagnose grundlegend von der polizeilichen Ermittlungstätigkeit: Denn würden soziale Helfer eine ordnungsrechtliche Sichtweise übernehmen, „so ist dies allenfalls dazu geeignet, den Aufbau einer Hilfebeziehung zu blockieren" (ebd., S. 113). Nachzuweisen sind in den vom Gesetz angesprochenen Unterstützungssystemen, also insbesondere bei jenen Berufsgruppen, die auch ein Erstbearbeitungsmandat zur Gefahrenabwehr besitzen (vordergründig Polizei und Medizin), unterschiedliche Strategien der Fallbeteiligung. Der Polizeiorganisationen geht es unter anderem darum, Zugänge zu Wohnungen herzustellen und damit die Voraussetzung zu schaffen, dass Fachkräfte der Jugendämter überhaupt mit Kindern und Familien in Kontakt treten können. In den polizeilichen Problemzuschreibungen, die auf das Kindeswohl Bezug nehmen, werden Gefahrensituationen regelmäßig typisiert als Ordnungsfragen, die aufgrund der zeitlichen Beschränkung ihres Einsatzes nicht in die Zuständigkeit der Polizei fallen, also nicht langfristig von der Polizei bearbeitet werden können. Daraus resultiert eine besondere Form der Arbeitsteilung. Der Erstkontakt – so die Ansicht der Polizeifachkräfte – fällt in das Aufgabenfeld von Polizeidienststellen, die Weiterbearbeitung von Gefährdungen verbleibt im öffentlichen Schutzauftrag der Kinder- und Jugendhilfe. Begründet wird diese Arbeitsbeziehung einerseits durch unterschiedliche berufliche Zuständigkeiten, aber im Wesentlichen durch die behördlich getrennten Eingriffsmöglichkeiten.

Polizist*innen geht es – so zeigen eigene Auswertungen – vorrangig darum, Jugendämtern Informationen zu Gefährdungen weiterzuleiten. In diesen krisenabwehrenden Kooperationsbeziehungen bestätigt sich die Logik konsekutiver, zeitlich und sachlich nachgeordneter Zuständigkeiten von ‚Eingriffsbehörden'. Die dadurch aufgebauten Kooperationsketten werden durch die Vorstellung des Ineinandergreifens von Behördenbefugnissen zusammengehalten (siehe Abschn. 4.2).

Für das medizinische Feld ergibt sich ein ganz anderes Bild. Im Nachgang der akuten Gefahrenabwehr, teilweise aber auch durch sie begründet, lassen sich im medizinischen Kinderschutz Bestrebungen zur erweiterten Fallbeteiligung nachweisen. Einerseits begründet sich dieser Anspruch durch die ‚Objektivität' ihrer Kinderschutzdiagnosen, die relativ sicher über das Vorliegen einer Gefährdung Auskunft geben (Sucherdt 2020). Andererseits bestätigt sich bei der Gefahrenabwehr auch eine Form der beruflichen Einmischung in die weiteren Verfahrensschritte der Jugendämter. Regelmäßig kann empirisch beobachtet werden, dass sich bei einer medizinisch nachgewiesenen Kindesmisshandlung, die behandelnden Ärzt*innen eher für eine Fremdplatzierung von Kindern stark machen und – analytisch gesprochen – aus ihren Diagnosekompetenzen Ansprüche auf geeignete Schutzkonzepte oder -eingriffe ableiten. So lässt sich deutlich zeigen, dass zwischen Polizei und Medizin unterschiedliche berufliche Überzeugungen im Hinblick auf das Arbeiten an Kinderschutzfällen bestehen. Polizeifachkräfte eher danach streben, riskante Entscheidungen abzuwehren (Franzheld 2022), während Mediziner*innen einen Anspruch auf Fallbeteiligung reklamieren und diesen Anspruch auch mit ihrer eigenen Risikobereitschaft bei der Übernahme von Kinderschutzaufgaben begründen (Franzheld & Eckoldt 2022).

Aufgaben
1. Im Januar 2021 verabschiedete das Bundeskabinett einen (bisher nicht angenommenen) Gesetzentwurf, der Artikel 6 Absatz 2 des Grundgesetzes durch die folgenden Sätze ergänzen sollte: „Die verfassungsmäßigen Rechte der Kinder einschließlich ihres Rechts auf Entwicklung zu eigenverantwortlichen Persönlichkeiten sind zu achten und zu schützen. Das Wohl des Kindes ist angemessen zu berücksichtigen. Der verfassungsrechtliche Anspruch von Kindern auf rechtliches Gehör ist zu wahren. Die Erstverantwortung der Eltern bleibt unberührt." Diskutieren Sie, wessen Interessen im Dreieck von Staat, Familie und Kind mit dem Gesetzesvorhaben gestärkt werden sollen. Bringen Sie Ihre Überlegungen in einen Zusammenhang zum Prinzip der advokatischen Schutzgewährung.

2. Schätzen Sie ein, inwiefern mit der Einführung des Kinderschutzpara-
    grafen 8a SGB VIII die Leitbilder von Lebensweltorientierung und
    Dienstleistungsorientierung in Frage gestellt wurden.
3. Nennen Sie zentrale Herausforderungen für die Fachkräfte der Kinder-
    und Jugendhilfe, die mit der Einhaltung und Umsetzung des § 8a SGB
    VIII einhergehen. Diskutieren Sie, inwiefern durch diesen Paragrafen die
    Stellung der sozialpädagogischen Fachkräfte in den Sozialen Diensten
    gestärkt oder geschwächt wurden.

Forschungsstand & aktuelle Diskussionen im Kinderschutz
Freres, Katharina, Bastian, Pascal, Schrödter, Mark (2019): Jenseits von Fallver-
    stehen und Prognose – wie Fachkräfte mit einer einfachen Heuristik verantwort-
    baren Kinderschutz betreiben. In: Neue Praxis 49(2), 140–164.
Klatetzki, Thomas (2020): Der Umgang mit Fehlern im Kinderschutz – eine kriti-
    sche Betrachtung. In: Neue Praxis, 50(2), S. 101–121.
Biesel, Kay, Meysen, Thomas, Schrapper, Christian (2020): Über den Umgang mit
    Fehlern im Kinderschutz. Eine Erwiderung auf Thomas Klatetzki. In: Neue Pra-
    xis 50(5)., S. 409–424.

2.2 Das Bundeskinderschutzgesetz von 2012 (BKiSchG)

Die entscheidende Neuerung im Bundeskinderschutzgesetz von 2012 besteht in
einer rechtlichen Neuausrichtung auf Prävention bzw. den Ausbau präventiver Angebotsstrukturen. Handelt es sich der primären Handlungsorientierung nach beim
§ 8a SGB VIII um ein Gesetz zur Abwehr von Gefahren, also um Vorgaben zur Bearbeitung gewichtiger Gefährdungshinweise nach ihrem Bekanntwerden, werden
nun Angebotsstrukturen gesetzlich eingefordert, die einer Gefährdung vorbeugen
sollen und mit dem Auftrag korrelieren, diese rechtzeitig, vor dem manifesten
Schadenseintritt, als solche erkannt zu haben und entsprechend zu verhindern.

Die Neuregelung zur „Kooperation und Information im Kinderschutz" (KKG),
die mit dem Bundeskinderschutzgesetz verabschiedet wurde, bestätigt den Prä-
ventionsauftrag im Kinderschutz rechtlich. § 1 des BKiSchG verpflichtet die Kin-
der- und Jugendhilfe zur Vorhaltung eines multiprofessionellen Angebots, das Beratung und Hilfen zur Unterstützung der elterlichen Erziehungsverantwortung
kommunal entwickelt und fachlich absichert. In dieses Netzwerk sollen alle lokalen Angebote und Leistungserbringer einbezogen werden,

„insbesondere Einrichtungen und Dienste der öffentlichen und freien Jugendhilfe, Leistungserbringer, mit denen Verträge nach § 125 des Neunten Buches Sozialgesetzbuch bestehen, Gesundheitsämter, Sozialämter, Schulen, Polizei- und Ordnungsbehörden, Agenturen für Arbeit, Krankenhäuser, Sozialpädiatrische Zentren, Frühförderstellen, Beratungsstellen für soziale Problemlagen, Beratungsstellen […], Einrichtungen und Dienste zur Müttergenesung sowie zum Schutz gegen Gewalt in engen sozialen Beziehungen, Mehrgenerationenhäuser, Familienbildungsstätten, Familiengerichte und Angehörige der Heilberufe (…)" (§ 3 Satz 2 KKG).

Mit der Vernetzung dieser Angebotsstrukturen und dem Auftrag zur Kooperation bei Kinderschutzfällen sollen kommunale Hilfesysteme besser aufeinander bzw. auf den Kinderschutz abgestimmt werden. Der Gesetzgeber verlangt aber auch den Aufbau neuer Hilfeformen, den sog. Frühen Hilfen. Hierunter lassen sich ganz unterschiedliche Angebote und Leistungen rubrizieren: Familienhebammen, Familien-Gesundheits- und Kinderkrankenpfleger*innen, Willkommenshausbesuche, Lotsendienste in den kommunalen Hilfesystemen, Familienzentren usw.

Die vom Gesetzgeber nicht näher definierten Angebote ,Früher Hilfen' richten sich an Mütter und Väter mit Kindern in den ersten Lebensjahren (0–3 Jahre). Bastian (2010) fasst nach einer Durchsicht damals aktueller Konzeptionen und Initiativen Früher Hilfen deren Schwerpunkte auf zwei zentrale Punkte zusammen. Frühe Hilfen verstehen sich als niedrigschwellige Angebote, die vor Erziehungshilfen oder Schutzeingriffen ansetzen sollen (früh im Sinne von Prävention). Die Leistungserbringer arbeiten darüber hinaus auf der Grundlage einer organisierten Vernetzung ihrer Hilfe- und Beratungsangebote, die sich im Lokalen insbesondere für kleinere Kinder einsetzen sollen (früh bezogen auf das Lebensalter) (vgl. ebd., S. 58). Das Nationale Zentrum Frühe Hilfen, das die fachliche Entwicklung im Kinderschutz auf Bundesebene seit 2007 begleitet, nimmt folgende Begriffsbestimmung vor:

„Frühe Hilfen bilden lokale und regionale Unterstützungssysteme mit koordinierten Hilfsangeboten für Eltern und Kinder ab Beginn der Schwangerschaft und in den ersten Lebensjahren […]. Sie zielen darauf ab, Entwicklungsmöglichkeiten von Kindern und Eltern in Familie und Gesellschaft frühzeitig und nachhaltig zu verbessern" (NZFH 2014).

In den Formulierungen zu Frühen Hilfen ist die Orientierung an Prävention doppelt enthalten, einmal mit Blick auf das Lebensalter der Kinder und einmal mit Blick auf frühzeitig ansetzende und vernetzte Hilfeangebote. In der Fachdiskussion wird von Prävention in drei Formen unterschieden, als primäre, sekundäre oder tertiäre Prävention (Caplan 1964), je nachdem ob sich Hilfen als ein allgemeines, universelles Angebot verstehen (primäre Prävention), sie sich auf bestimmte Risikogruppen konzentrieren (sekundäre Prävention) oder auf konkrete Probleme im Einzelfall reagieren (tertiäre Prävention). Mit dieser Verwendung des Begriffs kann jede Form der Prävention auch als ‚vorgelagerte' Intervention verstanden werden. Christian Lüders (2016) kritisiert deswegen, dass bei präventiven Angeboten oftmals unklar bleibt, wer die Bezugsprobleme, auf die das präventive Angebot reagiert, inhaltlich definiert. Fehlt eine solche Problembeschreibung gänzlich – bei Präventionsangeboten nicht unüblich – bleibt Prävention mehr eine „Legitimationsfassade" (Walgenbach & Meyer 2008, S. 31) als eine bedarfsgerechte Hilfeleistung für Familien mit Kindern. Weil sich Prävention, so Lüders weiters, von einem zukünftigen Problem, einem erwartbaren Schadenseintritt, gedanklich herleitet, diese Kausalitäten in sozialen Handlungsfeldern aber kaum gegeben sind, bleibt die Begründung für die Vorwegnahme eines Schadens hochgradig unsicher. Und zuletzt macht er darauf aufmerksam, dass Prävention bzw. die Hilfeangebote, die dieser Orientierung folgen, auch in einem Verhältnis zur Intervention stehen müssen. Prävention bedarf immer einer Anschlussoption.

Prävention führt im Kinderschutz zum Phänomen der Entgrenzung von Hilfen und das in zweifacher Weise. Einmal nehmen die institutionellen Zugriffe auf Familien zu. Das öffentliche Misstrauen in familiäre Erziehungs- und Versorgungsleistungen steigt und Zuschreibungen von ‚Risikokindheiten' (Betz & Bischoff 2013) oder ‚Problemfamilien' (Bauer 2021) sind die Folge. So verändert sich im präventiven Kinderschutz auch das Verantwortungsgefüge zwischen staatlichen Institutionen und Familie: „Es reicht nun nicht mehr aus, die Lebensbedingungen und das Verhalten von Kindern indirekt über ihre Eltern zu beeinflussen. Dieser Weg ist versperrt, weil die Einführung sozialinvestiver Politik zu einem erheblichen Anteil auf der Diagnose des „Familienversagens" beruht" (Olk 2007, S. 49). Nur in der Sphäre öffentlicher Erziehung ist der Einfluss auf Kinder, ihre Bildung und Betreuung durchgängig gegeben. Und weil sich im Sozialinvestitionsstaat die Leitlinien des Aufwachsens deutlich in Richtung Prävention, Bildung und Leistung verschieben, lässt sich auch das Betätigungsfeld von Familien kehrseitig dazu marginalisieren. Familien bewegen sich, so die Beobachtung von Thomas Olk, in einem ‚durchgetakteten' Institutionengefüge des latenten Vorbehalts gegenüber ihren Erziehungs- und Bildungsaufgaben.

Eine zweite Folge davon ist eine Entdifferenzierung von Hilfeleistungen und Zuständigkeiten. Präventionsangebote, oder die so bezeichneten kommunalen Präventionsketten (Hack 2021), schaffen neue hybride Berufsformen und das insbesondere an der Schnittstelle von sozialpädagogischen und medizinischen Diensten und Einrichtungen. Familienhebammen und Kinderkrankenpfleger*innen werden beispielsweise in Frühe Hilfen auch deswegen eingebunden, um die Erreichbarkeit von Familien zu verbessern bzw. um Vorurteile gegenüber der Jugendhilfe abzu-

bauen oder gar nicht erst aufkommen zu lassen. Eisentraut und Turba (2013) haben
die fachlichen Kinderschutzorientierungen von Familienhelfer*innen (SPFH) und
Familienhebammen kontrastierend untersucht und festgestellt, dass sich im Zuge
der Einbindung von Familienhebammen oder anderweitig medizinisch geschultem
Personal in Frühe Hilfen zunehmend Entwicklungslogiken in der Bewertung von
Schutzbedürftigkeit und Gefährdungsrisiken für Kinder durchsetzen. Die auch an
anderer Stelle als „Entwicklungskindheit" (Bollig 2013) beschriebenen
Normierungspraktiken der Fachkräfte führen, gewissermaßen als eine Nebenfolge,
zu einer Verdichtung von Defizitzuschreibungen elterlicher Erziehung und Versorgung. Sie leiten sich ab aus einem mehr oder minder klar umrissenen, meist
klinisch-therapeutisch orientierten Blick auf die kindliche Entwicklung und auf die
Forderung gegenüber Eltern, diese Entwicklung im Rahmen eines natürlichen Aufwachsens erzieherisch zu unterstützen (vgl. Eisentraut & Turba 2013, S. 96). In
einer weiteren Studie zu Frühen Hilfen kommen Maren Zeller und Kolleginnen
(2021) zu der Einschätzung, dass Gesundheitsfachkräfte regelmäßig vor dem Problem stehen, ihre Hilfen von Schutzeingriffen, also von Interventionen durch das
Jugendamt, abzugrenzen. Sowohl Ressourcenfragen aufseiten der Hilfesysteme
müssten bei Frühen Hilfen berücksichtigt werden, weil nicht alle Familien gleichermaßen von den Angeboten Früher Hilfen profitieren können und sich dadurch
Selektionen im Hinblick auf Problem- und Bedürfnislagen ergeben. Ein weit wich-
tigeres Problem sehen sie aber auch in der Entgrenzung von ‚Frühe-Hilfe-Fällen'
zu Jugendamtsfällen. Um nicht den Abbruch des Kontakts zu Familien zu riskieren
bzw. um nicht das negative Bild der Jugendhilfe als Eingriffsbehörde in das eigene
berufliche Selbstbild zu übernehmen, versuchen sie, die Fachkräfte in den Frühen
Hilfen, auch bei konkreten Verdachtsanzeichen einer Gefährdung und trotz ihres
primären Auftrags zur Prävention „im Fall zu bleiben" (ebd., S. 126). So wird es
zunehmend schwieriger, Grenzen zwischen Präventionsangeboten und konkreten
Schutzeingriffen zu ziehen oder in der Diktion des Präventionsbegriffs: den Grau-
bereich zwischen sekundärer und tertiärer Prävention fachlich auszufüllen. Das
Paradox der Prävention besteht darin, ein Präventionsversprechen immer an eine
Interventionsoption zu koppeln.

Präventive Angebote können zur besseren Versorgung und zur Unterstützung
von Familien beitragen. Es muss aber für den Kinderschutz berücksichtigt werden,
dass damit neue fachliche Herausforderungen einhergehen:

- Präventionsangebote und Kriseninterventionen sind unterschiedlichen fachlichen und rechtlichen Verantwortungsbereichen zuzuordnen. Zwischen ihren
  Aufgaben und Zuständigkeiten entstehen Schnittstellenprobleme, die fachlich
  bewältigt werden müssen.

- Präventionsangebote integrieren unterschiedliche Fachperspektiven bzw. zielen darauf ab, unterschiedliche fachliche Kompetenzen und berufliche Mandate in den Dienst des Kinderschutzauftrags zu stellen. In der Kinderschutzpraxis kann das leicht zur Unübersichtlichkeit der Hilfesysteme und zur Überforderung der einzelnen Fachkraft führen, aber auch zu offenen Konflikten zwischen unterschiedlichen Expertenkulturen.

2.3   Aktuelle Entwicklungen im Kinderschutz: Das Kinder- und Jugendstärkungsgesetz (KJSG)

Im Juni 2021 sind mit dem Kinder- und Jugendstärkungsgesetz (KJSG) mehrere Änderungen auch für den Kinderschutz in Kraft getreten. Zwar ging es mit dieser Gesetzesnovellierung vorrangig darum, eine inklusive Kinder- und Jugendhilfe zu fördern bzw. diese vorzubereiten und entsprechende Vorgaben im Hinblick auf die Gesamtverantwortung der Jugendhilfe für Kinder und Jugendliche mit und ohne Behinderung umzusetzen. Aber auch für den Kinderschutz bzw. den Schutzauftrag der Jugendämter ergeben sich wichtige Veränderungen. In Ergänzung zum bestehenden § 8a SGB VIII verpflichtet der Gesetzgeber Fachkräfte der Jugendämter nun darauf, sich – wenn erforderlich – einen „unmittelbaren Eindruck von dem Kind und von seiner persönlichen Umgebung zu verschaffen" (§ 8a Abs. 1 Satz 1) und damit der Forderung nachzukommen, im Rahmen der Verdachtsabklärung und Gefahrenabwehr ‚vor Ort' zu gehen und Kinder in ihrem Wohn- und Lebensumfeld in Augenschein zu nehmen.

Bis dato blieb es den Fachkräften weitgehend selbst überlassen, welche Mittel und Wege zur Gefährdungseinschätzung genutzt wurden. Zwar war der oftmals unangemeldete Hausbesuch und das Vier-Augen-Prinzip schon seit 2005 ein probates Mittel zur Abklärung einer Gefährdung, dennoch blieben den Fachkräften deutlich mehr Spielräume, um Familien mit gemeldeten Gefährdungshinweisen zu konfrontieren. Auch die Einladung ins Jugendamt oder die Kontaktaufnahme zu Eltern in der Kindertageseinrichtung oder Schule waren gängige Optionen zur Gefährdungseinschätzung. Zweck dieser Neuregelung ist die Verpflichtung der Fachkräfte zur Inaugenscheinnahme betroffener Kinder, was dazu beitragen soll, das Schutzbedürfnis bzw. die Interessen der Kinder in Kinderschutzverfahren sichtbar(er) zu machen bzw. ihre Position in Abklärungsverfahren aufzuwerten. Aus Forschungssicht wird kehrseitig dazu kritisch darauf hingewiesen, dass es den Fachkräften bislang mehr um die Mitwirkungsbereitschaft der Eltern gegangen sei und dass dadurch der Blick auf die Bedürfnisse und die Lage der Kinder systematisch, weil auch rechtlich begründet, zurückgedrängt wurden (Bastian & Schrödter 2015; Bühler-Niederberger et al. 2014).

Eine weitere Neuerung ergibt sich aus einer gelockerten Datenschutzbestimmung für die Informationsweitergabe zwischen sog. Berufsgeheimnisträgern nach § 4 KJSG. Dort, in diesem Paragrafen, werden nicht nur alle Berufsgruppen und Leistungserbringer aufgelistet (Ärzt*innen, Therapeut*innen, Beratungsstellen, Lehrer*innen usw.) (Absatz 1), die mit der Novellierung befugt werden, Gefährdungshinweise an Jugendämter weiterzuleiten, sondern auch Verfahrensschritte geschaffen, die das Verhältnis zwischen Meldern und Jugendamt neu ordnen:

> „Die Personen nach Absatz 1 haben zur Einschätzung der Kindeswohlgefährdung gegenüber dem Träger der öffentlichen Jugendhilfe Anspruch auf Beratung durch eine insoweit erfahrene Fachkraft. Sie sind zu diesem Zweck befugt, dieser Fachkraft die dafür erforderlichen Daten zu übermitteln. Die Daten sind vor der Übermittlung zu pseudonymisieren" (Satz 1 Absatz 3 KJSG).

Berufsgeheimnisträger werden damit nicht nur befugt, konkrete Anhaltspunkte einer Gefährdung den Jugendämtern mitzuteilen, sondern durch ihren rechtlichen Anspruch auf Beratung durch die zuständigen Jugendämter verändert sich auch ihre Stellung gegenüber den dort zuständigen Entscheidungsträgern. Anonyme Fallberatungen sollen einerseits dazu beitragen, die Relevanz der Hinweise für eine Gefährdungseinschätzung vor einer tatsächlichen Meldung eingehender zu prüfen, sie führen aber auch zu einer größeren Anerkennung gegenüber der Informationsbereitschaft der Melder und zu einem stärkeren Kooperationsdruck zwischen Meldern und Jugendamt. Fachkräfte der Jugendämter sind damit selbst in der Begründungspflicht, inwiefern sich mit den Hinweisen Abklärungsmaßnahmen oder Schutzverfahren begründen lassen. Diese Begründungspflicht der Jugendämter in Schutzverfahren verstärkt sich noch durch eine jetzt verbindlich geforderte Rückmeldung gegenüber den Meldern bezüglich des eigenen Tätigwerdens. Der Gesetzgeber gibt nach § 4 Absatz 4 KJSG vor, dass den Meldern

> *„zeitnah eine Rückmeldung"* gegeben werden soll, ob das Jugendamt *„die gewichtigen Anhaltspunkte für die Gefährdung des Wohls des Kindes oder Jugendlichen bestätigt sieht und ob es zum Schutz des Kindes oder Jugendlichen tätig geworden ist und noch tätig ist. Hierauf sind die Betroffenen vorab hinzuweisen, es sei denn, dass damit der wirksame Schutz des Kindes oder des Jugendlichen in Frage gestellt wird. "*

Was einerseits die Transparenz der Jugendamtstätigkeit im lokalen Hilfenetzwerk erhöht, kann andererseits auch als Form einer neuen Rechenschaftspflicht der Jugendämter kritisiert werden, basierend auf einem Vorbehalt gegenüber ihrer Handlungsbereitschaft und Kommunikationsfähigkeit.

Damit sind wesentliche Etappen in der aktuellen Kinderschutzdiskussion ange-sprochen worden, die im Rahmen der Durchsicht auf zwei wesentliche Problem-stellungen im fachlichen Umgang mit Kinderschutzfällen hinweisen. Erstens be-steht eine große Herausforderung der Fachkräfte bei der Bearbeitung von Kinder-schutzfällen darin, mit Familien zusammenzuarbeiten, eine Vertrauensbasis für eine gemeinsame Gefahrenabwehr herzustellen und dabei den öffentlichen Schutz-auftrag mit der Autonomie der Familie, dem Elternrecht, abzugleichen und mitei-nander ins Gespräch zu bringen. *Aufgrund der beschriebenen Ausgangssituation von Fremdmeldung und dem Auftrag zur Verdachtsabklärung sind die Arbeits-beziehungen zu Familien stärker konfrontativ ausgerichtet und dadurch anfälliger für Abbrüche oder wechselseitige Vorbehalte.* Zweitens kann die Entwicklung im Kinderschutz vor dem Hintergrund der beschriebenen rechtlichen Neuregelung als ein Trend zur Kooperation beschrieben werden. *Der Kinderschutz ist damit zuneh-mend seltener monoberuflich organisiert, selbst wenn der öffentliche Schutzauftrag dem Recht nach eindeutig im Feld der Jugendhilfe liegt.* Der Trend zur Kooperation kann einerseits als Steuerungsproblem der beteiligten Hilfesysteme betrachtet wer-den, führt aber in der konkreten Fallarbeit auch zur Frage der Integration, Differenz oder Aushandlung unterschiedlicher Fach- und Fallperspektiven. Beide Herausfor-derungen werden im Folgenden eingehender diskutiert unter Rückgriff auf professionalisierungstheoretische Überlegungen. Dabei geht es, erstens, um die Frage, ob und wie im Kinderschutz vertrauensvoll mit Familien gearbeitet werden kann bzw. inwiefern das Nichteingehen von Arbeitsbeziehungen als Profes-sionalisierungshemmnis betrachtet werden kann. Und zweitens geht es um die Fragestellung, welche Herausforderungen sich für die Soziale Arbeit mit einer multiprofessionellen Arbeitsordnung ergeben und welche Bedeutung Professions-theorien einer eigenständigen fachlichen Kinderschutzperspektive in diesen neuen Kooperationsbeziehungen zuschreiben.

Professioneller Kinderschutz? – eine theoretische Annäherung

Auf die Frage, ob eine Berufsgruppe eine Profession ist und ob mit dieser Einschätzung auch besondere gesellschaftliche Ansprüche für die Angehörigen dieses Berufsstandes einhergehen, die wiederum eine hinreichend klare Abgrenzung zu anderen einfachen oder nicht voll-professionalisierten Berufen ermöglichen, ist eine Kernfrage der Professionsforschung. Von zwei Seiten lässt sich theoretisch herleiten, warum Professionen gesellschaftliche Sonderrechte besitzen, um ihre Arbeitsaufträge „am Menschen" erfolgreich zu bewältigen. Die im folgenden skizzierten Theorieperspektiven lassen sich danach ordnen, ob sie die Sonderstellung von Professionen von der Arbeit mit Klient*innen herleiten, also am *Fallbezug* und der besonderen Qualität der Arbeitsbeziehung zwischen Professionellen und Klient*innen ansetzen. Oder ob sie stärker davon ausgehen, dass Professionen zueinander in *Konkurrenzverhältnissen* stehen und um öffentliche Ansprüche zur Bewältigung gesellschaftlicher Probleme werben. Die erste Perspektive zielt auf die Handlungsstruktur der Beziehung zu Klient*innen, die zweite Perspektive fragt nach der Ordnung unter den Berufsgruppen im Ganzen und mithin nach den konfliktreichen Beziehungen zwischen Fachkräften untereinander. Bezogen auf die Fragestellung, ob Tätigkeiten im Kinderschutz professionelle Tätigkeiten darstellen oder wann sie als solche eingeschätzt werden können, können auf diese Weise zwei Überlegungen weitergeführt werden: (1) Wie lässt sich eine professionelle Beziehung zu Klient*innen theoretisch beschreiben? und (2) welche Herausforderungen ergeben sich für Fachkräfte im Austausch mit anderen Professionen?

© Der/die Autor(en), exklusiv lizenziert an Springer Fachmedien
Wiesbaden GmbH, ein Teil von Springer Nature 2025
T. Franzheld, *Multiprofessionelle Zusammenarbeit – Kinderschutz
interdisziplinär und partizipativ*, Studientexte zur Soziologie,
https://doi.org/10.1007/978-3-658-49642-5_3

3.1 Der Bezug zu Klient*innen als Ausgangspunkt professionellen Handelns

Der Bezug zu Klient*innen und die Struktur der Arbeitsbeziehung ist Ansatzpunkt des strukturtheoretischen Professionsbegriffs. Für strukturtheoretische Beschreibungen ist der Begriff Profession im Sinne klinischer Fallarbeit definiert und wird dabei von einem Verständnis ‚therapeutischer Funktionen' geleitet: „Traditionell liegt der Hauptakzent auf der ‚Behandlung', der ‚Therapie' von Fällen, deren Zustand bereits pathologische Formen angenommen hat, mit dem Ziel, [...] den Normalzustand wieder herzustellen" (Parsons 1958, S. 10). Dieser zunächst medizinisch geprägten Definition lassen sich aber auch andere Berufsfelder mit einer sog. therapeutischen Funktion zuordnen. Auch Jurist*innen arbeiten mit einem Fallbezug, indem sie allgemeine Gesetze am Einzelfall auslegen, das Lehrerhandeln ließe sich hiernach als Form sekundärer Erziehungs- und Sozialisationsprozesse beschreiben, sozialpädagogisches und therapeutisches Fallhandeln würde stärker auf gesellschaftliche Exklusionsprozesse wie persönliche Belastungen oder Erziehungsdefizite reagieren und hätte den Auftrag, die Erziehungsfähigkeit der Eltern wiederherzustellen – also auf je spezifische Weise zu einem fachlich und gesellschaftlich akzeptierten Normalzustand zurückzuführen.

Professionen besitzen, nach dieser Auffassung, eine gesellschaftliche Integrationsfunktion und hiernach eine Art Vermittlungsrolle zwischen gesellschaftlichen Wertvorstellungen und individuellen Bedürfnissen oder persönlichen Problemlagen. Der berufliche Sonderstatus von Professionen, aber auch die Entstehung von Professionen im Ganzen, lässt sich auf diese Vermittlung zurückführen. Das in strukturtheoretischen Ansätzen dominante Erklärungsmodell für die Existenz von Professionen oder dieser vorausgehend erfolgreichen Professionalisierung liegt in der strukturell angelegten Kompetenz- und Wissensasymmetrie zwischen Professionellen und Klient*innen und der daraus resultierenden Folgerung, dass sich Professionen an gesellschaftlichen Zentralwerten und nicht am eigenen Profitstreben ausrichten, um diese an sich konfliktanfällige Beziehung nicht zu belasten. Aus Sicht der Klient*innen, so die Annahme von Parsons, ist das „competence gap" (Parsons 1978, S. 45) eine strukturelle Voraussetzung solcher Arbeitsbeziehung. Wenn keine Einschränkungen im Alltag aufseiten der Betroffenen vorliegen, käme es erst gar nicht zum Kontakt zu Professionellen und auch das Vertrauen in ihre Leistungen ist abhängig von einem antizipierten Expertenwissen und besonderen professionellen Fähigkeiten. Professionen verwalten darüber hinaus Problemlösungsstrategien, die dem Einzelnen im Alltag nicht zur Verfügung stehen, die es aber zwingend braucht, um am gesellschaftlichen Leben teil- oder wieder teilzunehmen. Maiwald (2004) fasst diesen Strukturkomplex folgendermaßen zusammen: Einerseits verwalten Professionen Sonderwissensbestände, die in der Regel von ihren Klient*innen nicht kontrolliert werden können. Da Professionen aber andererseits auch zentrale gesellschaftliche Werte (z. B. Recht, Gesundheit) berühren, ist eine Kontrolle ihrer Tätigkeiten letztlich unentbehrlich. Kontrollen müssen daher fachlich unter Berufskolleg*innen organisiert und als berufliche Selbstkontrollen institutionalisiert werden:

> „Darin ist die funktionale Basis für die gesellschaftlich gewährte professionelle Autonomie zu sehen. Die professionelle Autonomie mit der kehrseitigen Selbstkontrolle wird durch eine starke berufsständige Assoziation, die für Standards der Ausbildung, der professionellen Praxis, der professionellen Ethik zuständig ist, repräsentiert und gesichert" (ebd., S. 31).

Dies sichere professionalisierten Berufsgruppen Autonomie im Sinne der Etablierung fachlicher Bewertungsmaßstäbe für Einzelfallentscheidungen und schafft den institutionellen Rahmen, um Vertrauen gegenüber Klient*innen trotz der beschriebenen Asymmetrien einzuwerben.

Bezogen auf das berufliche Wissen und die Handlungsmöglichkeiten von Professionen ist das Beziehungsverhältnis zwischen Professionellen und Klient*innen geprägt von Kompetenz- und Wissensasymmetrien, bezogen auf die Herausbildung unterschiedlicher Professionssysteme muss jedoch auch die Komplementarität dieser Beziehung berücksichtigt werden. Mandant*in, Patient*in oder Klient*in sind Bezeichnungen für sog. Komplementärrollen, die den Berufsrollen der Professionen gegenüberstehen, sich aber im Professionalisierungsprozess in etwa zur gleichen Zeit herausbilden. Deswegen spricht Stichweh erst dann von Professionalisierung, wenn „die Komplementärrolle in einen Klient*innenenstatus transformiert wird" (Stichweh 1996: 42), wenn also Berufsgruppen erfolgreich eine spezifische gesellschaftliche Gruppe als relevante Zielgruppe exklusiv in ihre Berufs- und Leistungssysteme einbeziehen. Mit der Zuschreibung eines berufsspezifischen Klient*innenstatus sind wiederum Abgrenzungen unter den Professionen verbunden, insbesondere weil Professionen typischerweise – und Stichweh zufolge – bestrebt sind, dieses Klient*innenverhältnis gegenüber beruflichen Außenperspektiven abzugrenzen, also nicht mit fachfremden Fragen oder Aufgaben belasten wollen. Durch diese Komplementarität entsteht eine funktionale Spezialisierung auf spezifische Zielgruppen, eine Monopolisierung von besonderen Leistungen und im Ergebnis eine funktionale Eigenlogik der Befassung mit Problemen der Klient*innen.

Eine wichtige Weiterentwicklung des strukturtheoretischen Ansatzes erfolgte mit Ulrich Oevermanns Theorie der stellvertretenden Krisenbewältigung. Im

Zentrum der sog. revidierten Professionstheorie (vgl. Oevermann 1996, 2009) steht einerseits die Frage nach dem Zustandekommen der Beziehung zwischen Klient*innen und Professionellen und andererseits das sich innerhalb dieser Beziehungen aufdrängende Handlungsproblem einer ‚stellvertretenden Krisenbewältigung'. Ausgangspunkt seiner Überlegung bildet die Vorstellung einer ‚autonomen Lebenspraxis' aufseiten von Klient*innen. Die gelebte Praxis der alltäglichen Lebensführung besteht aus einer ‚widersprüchlichen Einheit' von ‚Krisen und Routinen' und einer nicht-stillstellbaren Dynamik von ‚Entscheidungszwängen und einer darauf gerichteten Begründungsverpflichtung'. Während konstitutionstheoretisch, i.S. einer theoretischen Vorbedingung der menschlichen Existenz, die Bildungsprozesse des Subjekts mit krisenhaften Ereignissen einhergehen und diese Krisen die Chance beinhalten, neue Erfahrungen in bisherige Alltagsroutinen aufzunehmen, sind sie im Alltag eine Ausnahme. Im Alltag, bzw. in der von Oevermann so bezeichneten Lebenspraxis, ist Routine der Normalfall und die Krise die Ausnahme (vgl. Oevermann 1991). Wenn jedoch eine Lebenspraxis in eine Krise gerät, die sie nicht im Stande ist selbstständig zu lösen, übernehmen Professionelle eine stellvertretende Krisenbewältigung. Der Bewältigungsprozess zielt darauf ab, die Wiederherstellung einer partiell beschädigten Lebenspraxis beruflich zu organisieren. Die Krisenbewältigung wiederum realisiert sich an einem dafür besonderen Ort: dem Arbeitsbündnis. Dieses einzugehen setzt aufseiten der Klient*innen Leidensdruck und Freiwilligkeit voraus und auf der Seite der Professionellen muss gewährleistet sein, dass keine sachfremden Interessen dieses Arbeitsbündnis negativ belasten.

Die innere Spannung des Arbeitsbündnisses gründet auf widersprüchlichen Erwartungshaltungen, die sich nach Oevermann in entgegenstehenden Rollen- oder Beziehungsformaten manifestieren. Diffuse und spezifische Beziehungen stehen nicht nur für die Differenz persönlicher (diffus) und fachlicher (spezifische) Perspektiven, die in der Krisenbewältigung zusammenfinden müssen, sondern auch für die Beziehungsdynamik therapeutischen Handelns insgesamt (vgl. Oevermann 2009). Sowohl als Vorbedingung eines an sich bedingungslosen persönlichen Engagements der Betroffenen als auch aufgrund der Störanfälligkeit der Beziehung im Behandlungsprozess selbst stellt das Arbeitsbündnis einen von gesellschaftlichen Erwartungen abgrenzbaren Schutzraum dar. Der Schutz des Klienten wiederum wird garantiert durch entsprechende institutionelle Vorkehrungen – insbesondere durch die berufliche Schweigepflicht oder andere Formen des Schutzes der Privatsphäre.

Die eigentliche professionelle Tätigkeit, die Krisenbewältigung, basiert auf hermeneutischen, fallverstehenden Kompetenzen. Die Bewältigung einer Krise setzt die Rekonstruktion des Fallproblems in seiner historischen Eigenart und Eigenlogik voraus. Es muss fallweise ‚verstanden' werden, wann und wie Probleme zu Handlungsbeschränkungen für die betroffene Person geführt haben. Üblicherweise wird die Problemgenese in Anamnesegesprächen erhoben. Anschließend müssen aus diesen Beschreibungen die ‚richtigen' Schlüsse für eine passende Diagnose gezogen werden – auch dieses Vorgehen bleibt abhängig vom Einzelfall. Ebenso die anschließende Intervention, bei der die Frage beantwortet wird, welche Behandlungsmaßnahmen, welche Methoden und Verfahren, zu einer Überwindung der diagnostizierten Handlungsbeschränkungen beitragen. Dabei geht es gewissermaßen um ‚maßgeschneiderte' Hilfen, die einen Bewältigungsprozess in Gang setzen (vgl. Oevermann 2003, S. 28 ff.) und zu einem erfolgreichen Ende einer Intervention führen. Charakteristisch für die Problembearbeitung ist darüber hinaus ein auf die Beziehungsarbeit ausgerichteter Bewältigungsprozess, der das Erarbeiten alternativer Handlungs- und Deutungsmöglichkeiten bezogen auf die identifizierten Problemlagen in den Mittelpunkt stellt (Welter-Enderlin & Hildenbrand 2006, S. 27). Weil stellvertretende Einschätzungen zu Einzelfallproblemen stets unsicher sind, müssen sie fachlich abgesichert werden (vgl. Gildemeister 1992, S. 215). Für Oevermann ist daher nicht nur die Fähigkeit, auch bei unsicheren Informationen und unter Handlungsdruck mithin riskante Entscheidungen für Klient*innen zu übernehmen, wesentlicher Bestandteil professionellen Handelns, sondern ebenso das Aushalten von Widersprüchen zwischen manifesten Entscheidungszwängen und einer nachträglichen Begründungsverpflichtung. Die in der Arbeit mit Klient*innen sich wechselseitig beeinflussenden Beziehungsdynamiken bilden für Oevermann die Grundlage des besonderen Anforderungsprofils von Professionen. Die Dynamik der Arbeitsbeziehung, als wesentlicher Bestandteil der Krisenbewältigung, ist weder stillstellbar noch standardisierbar in ihren konkreten Ablaufmustern. Deswegen, so Oevermann weiter, ist es wichtig professionelles Handeln als eine „Kunstlehre" (Oevermann 1996, S. 123) zu begreifen. Es geht nicht darum, abstraktes Professionswissen subsumtionslogisch auf Einzelfälle anzuwenden, sondern darum Theorie und Praxis am Fall situationsspezifisch auszutarieren.

Zusammenfassung: Folgende Strukturmerkmale prägen in einem auf den Fallbezug gerichteten Verständnis von Professionen das fachliche Handeln.

- Das Verhältnis zwischen Professionellen und Klient*innen ist geprägt von Kompetenz- und Wissensasymmetrien. Klient*innen wenden sich in existenziellen Krisen- oder Notsituationen an Professionen in der Erwartung, dass Professionelle zu einer erfolgreichen Krisenbewältigung in ihrem Fall beitragen.
- Um die Beziehung zu Klient*innen zu stabilisieren, orientieren sich Professionen an gesellschaftlichen Zentralwerten. Diese auch als Gemeinwohlorientierung

beschriebene berufliche Wertbindung sichert Vertrauen und schafft die Voraussetzung, sich in persönlichen Notlagen an Professionen zu wenden.
- Professionen unterscheiden sich nach ihrem Fallbezug. Welche Probleme in den Fokus ihres Arbeitsauftrags rücken, ist abhängig von beruflichen Spezialisierungsprozessen, die sich in unterschiedliche Klienten*innenrollen (Mandant*in, Patient*in, Klient*in) niederschlagen.
- Das Arbeitsbündnis mit Klient*innen ist geprägt von besonderen Voraussetzungen und Dynamiken. Leidensdruck und die Anerkennung von lebenspraktischen Handlungsbeschränkungen auf der einen Seite (Klient*innen) und die Übernahme von riskanten Entscheidungen und die Gestaltung von Arbeitsbündnissen aufseiten der Professionellen sind wichtige Voraussetzung zur Bewältigung von Krisen.

Betrachtet man diese grundsätzlichen Überlegungen zu wichtigen Strukturmerkmalen der Klient*innenbeziehung vor dem Hintergrund der im ersten Kapitel besprochenen Entwicklungen im Kinderschutz, ergeben sich strukturelle Handlungsprobleme, die den Kontakt und die Beziehung zu Familien betreffen.

- Bei Kinderschutzinterventionen ist nicht zwingend davon auszugehen, dass Familien Notsituationen von Kindern oder Defizite ihrer eigenen Erziehung als manifeste Handlungsprobleme erkennen und diese auch gegenüber Fachkräften der Kinder- und Jugendhilfe öffentlich thematisieren. Insofern bei Kinderschutzinterventionen der öffentliche Schutzauftrag der Jugendämter im Handlungszentrum steht, kann bei der Anbahnung des Kontakts i. d. R. von einem Zwangskontext ausgegangen werden.
- Sozialpädagogische Hilfen im Kinderschutz werden in der öffentlichen Wahrnehmung oftmals gleichgesetzt mit Weg- oder Herausnahmen von Kindern. Dieses Negativimage der Jugendämter hat wiederum negative Auswirkungen auf die Tragfähigkeit von Arbeitsbeziehungen. Öffentliche Vorbehalte gegenüber den zuständigen Hilfesystemen führen in nicht wenigen Fällen zu einem unüberwindbaren Vertrauensproblem zwischen Fachkräften und Familien. Dieser Mangel an Vertrauen spiegelt sich aber auch in den von den Fachkräften selbst geäußerten Vorbehalten bezüglich offener Aussprachen über Gefährdungssituationen mit Familien bzw. der Belastbarkeit von Absprachen in Hilfeprozessen.
- Beim Fallbezug muss unterschieden werden, ob sich Kinderschutzinterventionen auf die Unterstützung von Familien richten, sodass diese ,im Schutz einer Hilfe' befähigt werden, den persönlichen Erziehungsauftrag künftig wieder eigenständig zu erfüllen. Oder ob sich Schutzhandlungen einseitig an der

Perspektive des Kindes ausrichten und zur Gefahrenabwehr Eingriffe in das Erziehungsrecht nötig werden. Weil beide Perspektiven die Fallarbeit im Kinderschutz grundlegend prägen und Fachkräfte situativ zwischen beiden Fallbezügen entscheiden müssen, wird von einem unklaren Klient*innenstatus im Kinderschutz ausgegangen (vgl. Becker-Lenz 2005).

- Arbeitsbündnisse stehen im Kinderschutz vor dem Problem, dass Kontakte zur Familie meist auf Initiative der zuständigen Fachkräfte zustande kommen. Darüber hinaus ist anzunehmen, dass Arbeitsbeziehungen auf dieser Grundlage weniger Vertrauensschutz genießen und dadurch anfälliger werden, einseitig aufgekündigt zu werden.

Diese Eckpunkte legen nahe, von einer ungünstigen Ausgangssituation für professionelles Handeln im Kinderschutz zu sprechen. Gemessen an den skizzierten Theorieperspektiven können aber auch Gegenargumente stark gemacht werden, die die Notwendigkeit professionellen Handelns im Kinderschutz unterstreichen.

- Werden Gefährdungssituationen durch Fachkräfte der Sozialen Dienste abgewendet, dann richten sich ihre Interventionen dem Typus nach auf faktische oder prognostizierte Bedrohungslagen für Kinder oder schädigendes Erziehungsverhalten ihrer Eltern. Zwar handeln Jugendämter dabei im öffentlichen Schutzauftrag und somit sanktionierend gegenüber ‚verdächtigen‘ Familien, allerdings auch im stellvertretenden Interesse betroffener Kinder im Hinblick auf ihre Integritätssicherung. Insofern verstärkt der öffentliche Schutzauftrag das Prinzip der Krisenbewältigung, weil Fachkräfte stellvertretend die Integrität von Kindern wahren und das auch gegen den Willen ihrer Eltern.
- Im Hinblick auf den öffentlichen Wert des Kindes lässt sich in den letzten beiden Dekaden eine Aufwertung von Kindheitsperspektiven beobachten. Kinder sind als gesellschaftliche Ressource, als Träger von Bildungsansprüchen und für gesellschaftliche Zukunftsfragen im Ganzen wichtiger geworden. Damit haben auch Kinderschutzinterventionen in der Fachöffentlichkeit mehr Aufmerksamkeit bekommen. Sie werden im öffentlichen Bewusstsein weniger als Eingriffe in die elterliche Sorge kritisiert, als mit dem Schutz für Kinder vor familialen Gefahren oder gesellschaftlichen Risiken gleichgesetzt. Mit dem in der Öffentlichkeit dominanten Bild gefährdeter Kinder sind Maßnahmen zu ihrem Schutz oder zur Abwehr von Gefahren für die Bewahrung von ‚Kindheit‘ in ihrer Bedeutung gestiegen.
- Bei der Bearbeitung von Gefährdungshinweisen muss trotz der Ausrichtung am öffentlichen Schutzauftrag von einem Fallbezug der Gefahrenabwehr gesprochen werden. Wirken Familien nicht an einer Gefährdungseinschätzung mit und

sind auch in Abklärungsverfahren der Jugendämter nur bedingt bereit sich auf Forderungen von Fachkräften einzulassen, steigt die Notwendigkeit die angedachte Schutzhandlungen fachlich und auf den jeweiligen Einzelfall bezogen abzustimmen. Insofern bleibt im Kinderschutz die professionelle Handlungsstruktur in Teilen erhalten. Sie wird ergänzt durch eine gesteigerte berufliche Begründungspflicht, weil Unsicherheiten diese Entscheidungssituation prägen und riskante Entscheidungen im Hinblick auf die Sicherung des Kindeswohls getroffen werden.

• Die Arbeitsbeziehung ist bei Kinderschutzfällen nicht reduzierbar auf zwei Parteien, die sich dem klassischen therapeutischen Interventionsmodell folgend in einer widersprüchlichen Einheit, dem Arbeitsbündnis, zusammenfinden. Durch die Beteiligung von Kindern, die, selbst wenn sie ihre Interessen nicht direkt artikulieren, so dennoch die Ausrichtung von Kinderschutzverfahren mitbestimmen, ist mit einer deutlich erhöhten Interaktionsdynamik in den Arbeitsbeziehungen zu rechnen. So wird es schwieriger, widersprüchliche Erwartungen in spezifischen Fallkonstellation auszutarieren und gestaltsicher zu dabei auftretenden Beziehungs- und Interaktionsdynamiken zu reagieren. Dennoch kann angenommen werden, dass sich die fachlichen Anforderungen im Beziehungsgeflecht von Kinderwille, Elterninteressen und fachlicher Einschätzung eher erhöhen als verringern.

Einiges scheint vor dem Hintergrund einer Theorie professionellen Handelns dafür zu sprechen, die Frage nach einem professionellen Kinderschutz von der dominanten Fallperspektive abhängig zu machen. Ob sich Schutzhandlungen auf Eingriffe in die Familie richten und insofern zu einer Beschneidung der elterlichen Erziehungsverantwortung führen. Oder ob sie den Fokus auf betroffene Kinder und Jugendliche legen und versuchen ihr Schutzbedürfnis gegenüber einer missbräuchlichen Ausübung der Erziehungsverantwortung ihrer Eltern zu verteidigen. Diese entgegenstehenden Fallperspektiven lassen sich als Familienorientierung oder Kindzentrierung beschreiben. Mit *Familienorientierung* wird üblicherweise eine konservativ-korporatistische Schutzvorstellung in den Hilfesystemen tradiert, in der Erziehungs- und Versorgungleistungen primordial der Familie zugewiesen werden. Öffentliche Hilfestrukturen sind subsidiär ausgerichtet und übernehmen die Funktion der Kompensation von Defiziten aufseiten von Familien, insbesondere bei der Gewährleistung des Kindeswohls. Der familienorientierte Ansatz zielt auf Unterstützung und Hilfe von Familien bei der Bewältigung von Erziehungs- und Entwicklungsaufgaben bzw. -defiziten in einem mehr oder minder autonomen Betätigungsfeld der Familie. Der *Gefährdungsansatz* hingegen zielt auf individuellen Schutz für Kinder und Jugendliche und ist eng verknüpft mit einem öffentlichen

Diskurs über ihre Risiko- und Gefährdungslagen (Übersicht in Biesel & Schär 2022). Fachliche Hilfekulturen, die der Familienorientierung folgen, geht es vordringlich darum, den kurzfristigen Ausfall von Erziehung in der Familie zu kompensieren bzw. öffentliche Hilfeleistung soweit in den Dienst der Familie zu stellen, dass diese befähigt wird, ihre eigenen Erziehungs- und Sozialisationsaufgaben anschließend weitgehend eigenständig zu übernehmen. Im Familienansatz dominiert eine Vorstellung des Eigengestaltungsanspruchs der Familie für Erziehung. Im Gefährdungsansatz hingegen die Vorstellung öffentlicher Investitionen für Kinder und damit auch ein strukturelles Misstrauen gegenüber der Erziehungsverantwortung von Familien (siehe Wastell & White 2016, S. 6).

3.2 Professionalisierung im Geflecht der Professionen

Gegenüber den auf einen Fallbezug gerichteten Professionsperspektiven fragen macht- und interaktionstheoretische Zugänge nach der Außenperspektive zwischen Berufsgruppen untereinander und nach dem Prozess der Professionalisierung als eine Phase der Herausbildung besonderer fachlicher Kompetenzen und beruflicher Zuständigkeiten. Es geht – um es gegenüberzustellen – weniger um die Herleitung der Profession aus dem besonderen Beziehungsgefüge zu Klient*innen, sondern um die teils konfliktreichen Beziehungen zwischen Berufsgruppen, die um die Durchsetzung ihrer Professionsansprüche konkurrieren. Für die oben beschriebenen strukturtheoretischen Überlegungen würde sich beim Aufeinandertreffen von Professionen eine der Sachlogik des Falls entsprechende klare berufliche Zuständigkeitsordnung durchsetzen, gerahmt als sach- und funktionslogische Absetzbewegung zwischen den zuständigen Berufssystemen. Die beruflichen Außenbeziehungen werden in diesem ‚Harmoniemodell' (Pfadenhauer 2003) geregelt durch die System-Umwelt-Differenz, die Innenbeziehung hingegen geleitet von der funktionalen Spezifität, also von unterschiedlichen Kompetenzdomänen und Wertbezügen professioneller Tätigkeiten. Professionen begegnen sich in diesem Modell in einem ‚professional complex' (Parsons 1978), in dem sich jede von ihnen der praktischen Realisierung eines gesellschaftlichen Zentralwerts (wie Recht, Gesundheit usw.) widmet. Berührungspunkte zwischen professionellen Funktionssystemen ergeben sich faktisch nur durch die Möglichkeit einer Übersetzung bzw. Transformation von Problemstellungen in die Wertbezüge und Arbeitsabläufe benachbarter Professionen.

Abbotts (1988) Professionstheorie liegt im Gegensatz dazu die Annahme einer historischen Formung und Durchsetzung professioneller Zuständigkeiten zugrunde. Berufe können erst dann und auf Dauer als Profession bestehen, wenn es ihnen gelingt, gesellschaftliche Problemlagen zu identifizieren, eine adäquate Problembearbeitung zu reklamieren und ihre Problembearbeitungskompetenz auch in der Auseinandersetzung mit angrenzenden Berufsgruppen zu kommunizieren. Zur Durchsetzung professioneller Zuständigkeit gehört einerseits der Anspruch aber auch die Verteidigung beruflicher Problemperspektiven in einem grundsätzlich offenen System der Professionen:

> „Eine Profession steht nie für sich allein oder lässt sich von einer einzelnen Kategorie herleiten: Professionen existieren in einem System" (ebd., S. 33).

Expertenwissen, als ein vom Wissensbestand des Alltags abgehobenes Wissen, würde Abbott zufolge den Zuständigkeitsanspruch einer Berufsgruppe absichern und zur legitimen Definitionsmacht über ein soziales Problem beitragen: „Nur ein auf Abstraktion beruhendes Wissenssystem kann soziale Probleme und berufliche Aufgaben so (re-)definieren, dass andere Berufe nicht in die Kompetenzdomäne einer Professionen eindringen können" (ebd., S. 9).

Reklamiert und verteidigt werden Zuständigkeiten Abbott zufolge in drei zentralen Arenen. In Bereichen (1) des Staates, als Arena politischer Eliten und Entscheidungsträger, (2) im Bereich der Öffentlichkeit, als Reaktionsort für gesellschaftliche Aufmerksamkeiten und (3) im Bereich des Arbeitsplatzes. Abbott spricht von einer engen Verbindung zwischen konkreter Fallarbeit und beruflicher Zuständigkeit, daher muss sich auch jede gesellschaftliche Problemlösung am Arbeitsplatz bewähren (vgl. Abbott 1995).

Der professionelle Handlungsvollzug am Arbeitsplatz wird wiederum idealtypisch von drei aufeinanderfolgenden Handlungsschritten oder Phasen des Vorgehens geleitet: Diagnose, Inferenz (Schlussfolgerung) und Behandlung bilden nicht nur den Rahmen eines auf die Fallarbeit gerichteten Handlungsschemas, sondern auch Arenen für berufliche Konflikte und Zuständigkeitskämpfe.

- (Erste Phase) Bereits bei der Betrachtung des Problems – der Diagnose – zeigt sich die professionelle Zuständigkeitsstruktur: „Was Professionen für grundsätzlich bearbeitungsbedürftig halten, wird wesentlich bestimmt von einem verkörperten Kategoriensystem und seinen inneren Klassifikationen" (Abbott 1988, S. 41). Werden nicht die ‚richtigen' Anzeichen wahrgenommen bzw. die für die Bearbeitung des Problems relevanten Informationen zusammengetragen, besteht grundlegend die Schwierigkeit, dass Fallbearbeitungen überhaupt in Gang kommen oder die richtige Richtung in der Auslegung eines Problemsachverhalts einschlagen. Bei fehlenden Diagnosekompetenzen und uneindeutigen Problemsituationen vergrößert sich außerdem das Problem, dass auch andere

Professionen in die Fallarbeit eingreifen können. Das wäre der erste Hinweis
für einer zwischenprofessionelle „Wilderei" (ebd., S. 44), so Abbott.

- (Zweite Phase) Insbesondere bei Interventionen, bei denen nicht auf unmittelbar hilfreiche Routinepraktiken zurückgegriffen werden kann, bedarf es eines
Akts der Inferenz oder des professionellen Schlussfolgerns, der die Weichen für
die geeigneten und notwendigen Maßnahmen in der dritten Phase der Behandlung stellt. Dabei unterscheidet Abbott eine Inferenz mittels Konstruktion oder
mittels Exklusion (vgl. ebd., S. 49). Bei einer Schlussfolgerung qua Exklusion
kann der Weg zwischen Diagnose und Behandlung mehrmals beschritten werden. Professionelle können auf dem Wege eines Ausschlussverfahrens testen,
wie ‚treffsicher' eine Diagnose im Hinblick auf ihren Behandlungserfolg bzw.
-misserfolg ist. In Krisen- oder Notfallsituationen bedürfe es hingegen einer Inferenz mittels Konstruktion. Denn hier hängt der Erfolg des Interventions-
prozesses im Wesentlichen von einer singulären und schnell zu fällenden
Problemkonstruktion ab, die eine passende Intervention im Vorgriff konstruiert.
Dies besagt, dass aufgrund erfahrungsgesättigter Intuition und beruflicher
Selbstwirksamkeitsüberzeugung in actu eine angemessene Intervention ent-
worfen werden kann. Aber auch die ‚Dosierung' von Inferenzen trägt wesentlich zur Legitimität der Expertise bei. Während ‚zu wenig' Inferenz die Tätigkeiten in den Sog von Routinisierung zieht, produziert ‚zu viel' Inferenz esote-
rische Strukturen: „Zu wenig Inferenz stellt die Frage nach dem Wert der
Professionen als besondere Problemlösungsstrategie. Zu viel macht die Praxis
anfällig, die eigenen Handlungen fachlich zu begründen. In beiden Fällen ist die
Zuständigkeit nur schwach ausgeprägt" (ebd., S. 52).

- (Dritte Phase) Die Behandlung weist für Abbott ähnliche Grundlagen wie die
Diagnose auf. Nur tritt an die Stelle des Erhebens und Zusammenfügens von
Daten „hier die Weitergabe von Informationen in Form von Behandlungsvor-
schriften. […] Eine mangelnde Effektivität der Behandlungen schwächt den
Anspruch einer Profession auf exklusive Problembearbeitungen. Das gilt auch
für den Fall, dass die Wirkungen von Behandlungen schwer messbar sind"
(Klatetzki 2005, S. 266). Bei Behandlungen auf der Basis von Inferenzen mittels Exklusion steigt zudem die Wahrscheinlichkeit, dass es zu langen Inter-
ventionsketten kommt. Dies und ein schwacher Anspruch auf die eigentliche
Problembearbeitung eröffnet auch in der Behandlungsphase die Möglichkeit für
berufliche Konkurrenz.

Die Handlungsschritte Diagnose, Inferenz und Behandlung führen bei erfolgreich
verlaufenen Professionalisierungsprozessen zu einer Regression professioneller
Tätigkeiten auf sog. Kernarbeitsinhalte, die statussichernd auf berufliche Zu-

ständigkeiten zurückwirken. Abbott (1981) nutzt dafür den Begriff der professionellen ‚Reinheit':

> „Mit professioneller Reinheit meine ich die Fähigkeit, irrelevante Fragen oder Aufgaben von der beruflichen Praxis fernzuhalten. Professionen mit dem höchsten Status haben ein klares Berufsbild und festgelegte Problem- und Aufgabenstellungen zu erledigen. Umgekehrt sind jene Berufe in einer unterlegenen Position, die es nicht schaffen, konkrete Arbeitsaufträge aus der Komplexität des Alltags herauszulösen" (ebd., S. 824).

Von solchen, wie Abbott schreibt, Kernarbeitsinhalten, sind jene Tätigkeiten zu unterscheiden, die unter den Berufsangehörigen als Neben- oder gar unliebsame Tätigkeiten gelten. Typischerweise verbinden diese Aufgaben folgende Merkmale: (1) häusliche Kontrollbesuche ohne Einladung; (2) Bearbeitung chronifizierter Problemlagen ohne Aussicht auf Veränderung; (3) Interventionen für Personen, die sich selbst nicht als hilfebedürftig sehen und (4) sanktionierende Maßnahmen, bei denen Selektionsprozesse und nicht Hilfeprozesse im Vordergrund stehen (Emerson & Pollner 1976, S. 246).

Beschreiben strukturtheoretische Theorien die Beziehung zwischen Professionen als weitgehend konfliktfrei und harmonisch in ihrer Grundkonstellation, geht es Abbott um das unabgeschlossene Professionssystem als Konfliktfeld zwischen Berufsgruppen, um den inneren Zusammenhang zwischen einer beruflichen Institutionenordnung basierend auf formalen Zuständigkeiten und Expertenwissen und der Handlungspraxis als Ort der Formung, Durchsetzung und Verteidigung dieser Zuständigkeiten.

3.3   Die soziale Struktur von Berufen: Das Prinzip der Arbeitsteilung

Eliot Freidson beschreibt – um eine weitere wichtige Theorieperspektive einzuführen – Berufsbeziehungen als ‚soziale Struktur' einer Über- und Unterordnung. Die Zusammenarbeit in und zwischen Berufsgruppen reproduziert ihre gesellschaftliche Stellung, ihr öffentliches Ansehen und Statusunterschiede untereinander in einer Rahmenordnung von Über- und Unterordnungsverhältnissen. Die Herrschaft der Professionen wäre demnach mit einer „Hierarchie institutionalisierten Expertentums" (Freidson 1975, S. 97) gleichzusetzen, mit der es Professionen historisch gesehen gelungen ist, sich an die Spitze von gemeinsamen Arbeitsprojekten zu setzen. Seine Analysen dieses sog. ‚Dominanzmodells' wurden im Wesentlichen aus Studien zur Medizin gewonnen. Insbesondere die medizinische

Versorgung ist im Zuge gesellschaftlicher Modernisierungsprozesse in einer besonderen Organisationsstruktur gefestigt worden – dem Krankenhaus. In dieser Zentral- oder Mehrzweckorganisation sind unter medizinischer Führung auch angrenzende Berufsgruppen in die Arbeitsorganisation eingebunden worden. Im Krankenhaus treffen Mediziner auf Schwestern und Pfleger*innen, auf Sozialarbeiter*innen, aber auch auf ökonomische Interessen und Verwaltungsstrukturen (vgl. Freidson 2001). Das Krankenhaus fungiere infolgedessen als zentrale Arena der sozialen Struktur von Berufen. Die Botschaft im Dominanzmodell lautet daher: „Mediziner schreiben die Regeln der Zusammenarbeit und schlichten Konflikte unter den beteiligten Berufen" (Light 1988, S. 217). Die Dominanz des medizinischen Personals führt nach Freidson zu einem Monopolisierungsprozess von Expertise und Weisungsbefugnissen. Jene Tätigkeiten, die außerhalb der medizinischen Kernarbeit stehen, lassen sich, natürlich unter ärztlicher Aufsicht, auch an untergeordnete Berufsgruppen delegieren. Das Schicksal der neben der Medizin beteiligten Fachkräfte liegt dann einerseits in der engen Anbindung an eine statushöhere Profession, deren Ansehen zwar auch in Teilen auf sie ‚abfärben‘ kann, aber auch in einer strukturellen Subordination unter eine Leitprofession:

> „Ich werde Arbeitsteilung als soziale Organisation von aufeinander bezogenen Berufsgruppen behandeln, welche auf geordnete Weise einen Komplex von Tätigkeiten auf die einzelnen Gruppen verteilt. Arbeitsteilung ist also für mich ein Fall von organisierter sozialer Struktur" (Freidson 1975, S. 91).

Die soziale Struktur der Berufe würde sich hiernach in der Arbeitsorganisation faktisch bestätigen. Weisungen gegenüber anderen Berufen und Kompetenzen, Entscheidungen im eigenen Interesse zu fällen, sind dabei wichtige Steuerungselemente. Die Sozialstruktur der Berufe wird aber auch durch besondere Moralvorstellungen, dem ‚Professionalismus‘, wachgerufen und gefestigt. Wo es Berufen gelingt, einen moralischen Anspruch auf besondere berufliche Tätigkeiten durchzusetzen, aber auch durch das eigene Tun in der Berufspraxis zu bestätigen, steigt das berufliche Ansehen:

> „Jene idealistischen professionellen Werte können jedoch im Professionalismus nicht alleine stehen. Es handelt sich um an sich abstrakte Werte, die nur dann sich realisieren lassen, wenn sie mit einem zweiten Wertekomplex des Professionalismus verknüpft sind: Bindung an die Berufstätigkeit, die sich selber definiert und selber die Arbeit organisiert" (ebd., S. 108).

In ähnlicher Weise spricht Anselm Strauss (1997) vom Unterschied zwischen professionellem Wertekodex und praktischen Glaubenssätzen, was beispielsweise dazu führen würde, dass der Wert des Heilens (‚professional ideology') sich im Grundsatz (‚professional belief') niederschlägt: Patient*innen müssten das Krankenhaus gesünder verlassen als sie eingeliefert wurden.

Hughes (1993) Konzeption von Professionen setzt ähnlich dazu an der Arbeitsteilung von Berufsgruppen an. Sein Interesse gilt allerdings nicht der allgemeinen sozialen Struktur von Berufen, sondern den Konfliktverhältnissen in der Herausbildung dieser Arbeitsteilung. Insbesondere für die interaktionistische Professionsforschung ist der Berufsalltag kein konfliktfreier Raum oder eine stabile soziale Ordnung, sondern ein Feld von unausweichlichen Fehlern und grundsätzlich unsicheren Handlungsentscheidungen. Daher interessieren ihn nicht die rahmenden Ordnungsstrukturen in den Berufssystemen, sondern die ‚mistakes at work' und das hinter dieser Struktur liegende gesamte ‚work drama'.

Mit der Erteilung eines Arbeitsauftrags – der *Mandatierung*   wird aus Sicht des Alltags bzw. aus Sicht von Klient*innen Professionellen nicht nur eine besondere Expertise für eine Problembewältigung zugeschrieben, sondern auch eine potenziell gefährliche, fehleranfällige, riskante Arbeitssituation für die Professionellen geschaffen mit wiederum auch potenziell gravierenden Auswirkungen für die Betroffenen. Die Mandatierung soll daher signalisieren, wen man legitimer Weise mit solchen riskanten Entscheidungen beauftragt, wen man also für geeignet hält, das Risiko für Entscheidungen, die die eigene Entscheidungskompetenz übersteigen, zu übernehmen. Arbeitsteilung ist in der von Hughes geprägten Auffassung das Ergebnis beruflicher Risikostrategien bzw. die Folge davon, ob und wie Berufe mit solchen Unsicherheiten umgehen. Mit einer beruflichen Arbeitsteilung sind daher auch persönliche, moralische oder sachliche Verpflichtungen verbunden, Risiken entsprechend des eigenen Berufsbildes zu übernehmen, diese für den eigenen Berufsstand zu reklamieren oder an andere Berufsgruppen zu delegieren. Arbeitsteilung wäre im Rahmen dieser Betrachtung gleichzusetzen mit einer öffentlich anerkannten Risikokommunikation. Professionen würden je nach ihrer gesellschaftlichen Stellung eine mehr oder minder große Bereitschaft an den Tag legen, kritische Entscheidungen zu übernehmen. Jene Berufe, die diese Voraussetzung erfüllen, wird typischer Weise auch ein höheres Ansehen zugesprochen. Charismatisierungen im Falle erfolgreicher Mandatierungen, aber auch Imageschäden bei gescheiterten Interventionen auf der anderen Seite sind laut Hughes die Folge.

Hughes spricht bei seinen Berufsanalysen aber erst an der Stelle von Professionen, wo Berufsgruppen *Lizenzen* verwalten, mit denen sie in die Lebenswelt ihrer Klient*innen eindringen können. Erst mit ihren Interventionen würden Professionen eine Art ‚Spezialwirklichkeit' vorfinden oder auch Situationen zu sehen bekommen, die Außenstehenden im Regelfall verborgen bleiben. Hinter dieser

Argumentationsfigur verbirgt sich eine Differenz öffentlicher und privater Arbeitsfelder. Lediglich Professionen ist es vorbehalten, in die Privatsphäre ihrer Klient*innen ‚einzutauchen', Scham- und Intimitätsgrenzen zu überwinden bzw. den Erfolg einer Behandlung an diese Voraussetzung zu knüpfen. Sie wissen um die dabei möglichen sozialen oder körperlichen ‚Beschädigungen' im Sinne von Stigmatisierungen und Intimitätsverletzungen und um die mitunter fatalen Konsequenzen von Fehlhandlungen durch gescheiterte Interventionen. Aufgrund dieser Doppelbelastung, der Notwendigkeit und der Unsicherheit von Eingriffen in die Privatsphäre, ist das Professionswissen ‚schuldbeladen'. Hughes spricht von ‚schuldhaftem Wissen', was begrifflich signalisieren soll, dass Professionen einen bewussten Umgang mit ihren Eingriffsbefugnissen pflegen.

Während *Lizenzen* – um die Ausführungen von Hughes zusammenzufassen – die Eingriffsseite von Professionen hervorheben, stehen Mandate für die soziale Anerkennung beruflicher Tätigkeit. Aber erst der innere Zusammenhang zwischen beiden Seiten würde die Berufsidentität von Professionen hinreichend beschreiben. Gelegentlich können nämlich Eingriffslizenzen und berufliche Ansprüche, die wiederum vom Mandat getragen werden, in der Handlungspraxis auseinanderfallen. Eine Folge davon sind beispielsweise Verwerfungen zwischen einem Mangel an Risikobereitschaft, obschon die betreffenden Berufsgruppen ihrer Lizenz nach Eingriffsbefugnisse für besondere Aufgaben verwalten. Auch der Einbezug ganz unterschiedlicher Berufsgruppen in das Analyseraster von Mandaten und Lizenzen kann als Leistung dieser Professionstheorie gelten: „Den Ausführungen über Mandat und Lizenz haftet kaum ein normativer Beigeschmack an, vielmehr bieten sie einen formalen Rahmen für die Analyse prinzipiell aller Berufe und Professionen" (Nittel 2000, S. 28).

Vor dem Hintergrund der einführenden Theorieperspektiven ist in beiden Hinsichten, mit Blick auf die Arbeit mit Klient*innen oder unter den Professionen im Ganzen mit beruflichen Abgrenzungen zu rechnen, die zur professionellen Identität, zur Autonomie ihrer Tätigkeiten, zur Fähigkeit besondere Problemlösungen anzuwenden oder zur Risikobereitschaft einer Berufsgruppe beitragen. Das zentrale Kennzeichen einer Profession, unabhängig von einer spezifischen theoretischen Vorentscheidung, bleibt die Vorstellung einer eigenständigen, mehr oder minder autonomen Berufsausübung.

Mit den skizzierten Macht- und Interaktionstheorien zu Professionen lassen sich ebenso wie im vorherigen Kapitel besondere Herausforderungen im Kinderschutz hervorheben, gewissermaßen als Reflexion auf Problemstellungen, mit denen Fachkräfte im Kinderschutz im Rahmen ihres Außenkontakts zu anderen Berufsgruppen konfrontiert werden.

- Im Hinblick auf die Zuständigkeitsordnung zeigt sich im Kinderschutz ein zwiespältiges Bild. Formalrechtlich liegt der Schutzauftrag für Kinder und Jugendliche eindeutig im Feld der Jugendhilfe, konkretisiert im Kinderschutzparagraf (§ 8a SGB VIII). Anderseits ist diese Aufgabenzuweisung auch eine Folge gescheiterter Kinderschutzfälle und insofern ebenso eine Reaktion auf die mediale Infragestellung der sozialpädagogischen Profession. Für die öffentliche Arena kann daher angenommen werden, dass mit den seit Mitte 2000 diskutierten Kinderschutzfällen auch berufliche Zuständigkeiten ins Wanken geraten und die rechtlichen Neuregelungen zum BKiSchG auch als Aufweichen ehemals klarer Zuständigkeiten interpretiert werden können.
- Die von sozialpädagogischen Fachkräften zur Einschätzung und Aufklärung von Gefährdungssituationen genutzten Wissensbestände bleiben in Kinderschutzverfahren oftmals implizit. Pädagogische Problemdeutungen haben infolgedessen Schwierigkeiten sich auch gegenüber anderen Expert*innendeutungen durchzusetzen oder werden teilweise von Kontrollaufgaben der Jugendämter verwässert oder infrage gestellt. Sie sind dann eher Ableitungen aus Befugnissen der öffentlichen Verwaltung bzw. dort vorgegebener Arbeitsaufgaben, die nicht den Kern sozialpädagogischer Identität berühren. Die Folge davon sind Hierarchisierungen von Expert*innendeutungen, denen sich Fachkräfte der Sozialpädagogik mit mehr oder weniger Widerstand unterordnen.
- Dies hat Folgen für berufliche Über- und Unterordnungen. Zwar liegt der Schutzauftrag bei den Jugendämtern – sie haben zu gewährleisten, dass Kinder und Jugendliche nicht zu Schaden kommen. Gleichwohl sind ihre Interventionen maßgeblich abgängig von familiengerichtlichen Entscheidungen. Diese Rechtsstellung entspricht bereits strukturell einer Unterordnung unter rechtliche Befugnisnormen. Demgegenüber stehen teils selbstgewählte Abhängigkeiten zu fachlichen Einschätzungen aus anderen Berufssystemen, die, wie Beispiele aus dem medizinischen Kinderschutz belegen (Franzheld & Eckoldt-Wolke 2022), oftmals zur Stärkung der eigenen Position herangezogen werden. Verlassen sich Fachkräfte zur Gefährdungseinschätzung einseitig auf fachfremde Expertisen, auch weil diese gegenüber sozialpädagogischen Deutungen mehr Objektivität versprechen und infolgedessen beispielsweise auch vor Gericht mehr ‚Gewicht' beanspruchen, vernachlässigen sie im gleichen Zusammenhang die diagnostischen Kompetenzen der eigenen Profession.
- Die aktuellen Entwicklungen im Kinderschutz sprechen in sowohl rechtlicher wie fachlicher Hinsicht für eine zunehmend engere Vernetzung von Berufsmandaten und Eingriffsbefugnissen. In die Kinderschutzpraxis werden zunehmend Berufsgruppen einbezogen, die im Kontrast zum Jugendamt von Seiten der Familien ‚mehr' Vertrauen genießen, also aus ihrer Sicht auch bei

Kinderschutzfragen nicht in einer einseitigen Verbindung zu Eingriffen in Familien oder für die Wegnahme von Kindern stehen. Die zunehmende Bedeutung von medizinischen Diensten und Präventionsangeboten kann auch darin gesehen werden, Schwellenängste aufseiten von Familien abzubauen und die Akzeptanz für Hilfen zu erhöhen. Insofern lassen Kinderschutzverfahren nicht nur unterschiedliche berufliche Mandate und Lizenzen zusammenrücken. Es ist auch davon auszugehen, dass bei Kinderschutzfällen mehr Koordinierungsaufgaben im Hinblick auf ihre strategische Vernetzung einkalkuliert und bewältigt werden müssen.

- Ein letzter Punkt betrifft die Risikobereitschaft von Professionen zur Gefahrenabwehr und Übernahme von kritischen Entscheidungen. Wenn sich Professionskulturen signifikant danach unterschieden, ob und wie sie Gefahren bewältigen und dabei auftretende Risiken einschätzen, so ist das im sozialpädagogischen Feld beobachtete Sicherheitsdenken, geprägt durch Absicherung und Verängstigung, als Hinweis darauf zu interpretieren, dass im Zuge öffentlicher Anwürfe gegen die Professionellen, Berufsidentitäten brüchig werden und Überzeugungen in die eigene fachliche Selbstwirksamkeit deutlich abgesenkt werden.

Aufgaben
1. Fassen Sie in eigenen Worten zusammen, worin sich die beschriebenen Professionstheorien maßgeblich unterscheiden. Nutzen Sie dafür die Leitunterscheidung von Fallbezug und Berufsbeziehung.
2. Laut aktueller Forsa Umfrage (2020) zählen Ärzte/Ärztin und Krankenpfleger/-in zu den angesehensten Berufsgruppen in ganz Deutschland. Am unteren Ende der Skala rangieren Versicherungsvertreter/-in und Webefachleute. Erläutern Sie diese Unterschiede im Ansehen der genannten Berufsgruppen vor dem Hintergrund von Gemeinwohlorientierung, Risikobereitschaft und Notfallprinzipien.

Weiterführende Literatur

Schmeiser, Martin (2006): Soziologische Ansätze der Analyse von Professionen, der Professionalisierung und des professionellen Handelns. In: Soziale Welt, 57. Jg., Heft 3, 295–318.

Nittel, Dieter (2011): Von der Profession zur Sozialen Welt pädagogisch Tätiger? Vorarbeiten zu einer komparativ angelegten Empirie pädagogischer Arbeit. In: Zeitschrift für Pädagogik, Beiheft 57 „Pädagogische Professionalität", 40–59.

Kooperation und Professionen – Drei Modi der Zusammenarbeit

4

Im folgenden Kapitel werden auf Basis der einführend beschriebenen professionalisierungstheoretischen Überlegungen drei Formen multiprofessioneller Kooperation unterschieden. Zwei Kernargumente der Professionsforschung finden dabei Berücksichtigung. Einmal die Überlegung, dass Professionen einem Gesamthandlungsschema folgen, gekennzeichnet durch fallbezogene Arbeitsweisen wiederum geprägt von einer Handlungsstruktur zwischen Diagnosen und Interventionen. Berufliche Zusammenarbeit setzt in gewisser Weise einen Handlungsanlass voraus, der aus einem Vorfall einen Fall macht (Bergmann 2014) und dieser Fall anschließend auch den äußeren Rahmen der Kooperation absteckt – im Sinne von Anfangs- und Endpunkten der Zusammenarbeit. Und zweitens das Argument, dass Professionen bestrebt sind, sich abzugrenzen und Kooperationen auch dahingehend genutzt werden, berufliche Autonomie- und Entscheidungsspielräume auszuweiten. Kooperation kann in diesem Verständnis nicht als Regelfall der Zusammenarbeit gesehen werden. Kooperationsbeziehungen müssen hiernach fachlich begründet werden bzw. gelten als Leistung von beteiligten Fachkräften bei der Bearbeitung von Fallproblemen. Auf dieser Grundlage lässt sich im Folgenden zeigen, dass berufliche Kooperationsbeziehungen unterschiedliche Formen annehmen können, je nachdem, ob Professionen Fälle *nebeneinander – miteinander* – oder – *gegeneinander* – bearbeiten.

© Der/die Autor(en), exklusiv lizenziert an Springer Fachmedien Wiesbaden GmbH, ein Teil von Springer Nature 2025
T. Franzheld, *Multiprofessionelle Zusammenarbeit – Kinderschutz interdisziplinär und partizipativ*, Studientexte zur Soziologie, https://doi.org/10.1007/978-3-658-49642-5_4

4.1   Kooperation als ein Nebeneinander beruflicher Fallperspektiven

Geht man, wie es die funktionalistischen Beschreibungen zur Profession (siehe Abschn. 3.1) nahelegen, davon aus, dass sich Berufsgruppen aufgrund ihrer fachlichen Spezialisierung, beruflichen Grundüberzeugung und ihren Arbeitsprinzipien grundlegend unterscheiden, dann ist auch die Zusammenarbeit unter Professionen geprägt von unterschiedlichen Sichtweisen oder besser gesagt: Fallperspektiven. Diese Fallperspektiven erlauben es zwar, auf ein gemeinsames Handlungsproblem, einen Fall, einzugehen und auf dieses auch entsprechend der eigenen beruflichen Zielstellungen zu reagieren, es handelt sich dem Typus nach aber um eine berufliche Kooperation aus der Distanz der eigenen disziplinären Orientierung. Damit hätten kooperierende Berufsgruppen eigene ‚Blickschneisen' auf Kinderschutzfälle bzw. auf das, was sie am jeweiligen Fallproblem als relevant für den eigenen Arbeitsauftrag ansehen. Diese Betrachtung von Kooperation lässt sich als *kognitivistischer Ansatz* bezeichnen, weil es primär darum geht, herauszustellen, warum und worin sich berufliche Fallperspektiven maßgeblich unterscheiden. Der Fokus auf den Einzelfall wird im Rahmen dieser Auffassung bestimmt durch die Differenz beruflicher Wertvorstellungen, die auf den eigenen Arbeitsauftrag positiv oder negativ zurückwirken, durch besondere berufliche Voreinstellungen der Professionsangehörigen, die einen gemeinsamen Wertehorizont der Fallarbeit abstecken und durch unterschiedliche Arbeitsaufträge, die auch von rechtlichen Rahmenbedingungen und Organisationsvorgaben abhängen oder sich davon herleiten lassen. Berufliche Grundüberzeugungen, Arbeitsmethoden, Problemperspektiven, Wahrnehmungskategorien, Techniken der Bearbeitung und generalisierte Ideen der Berufsidentität gehören zum Arsenal, um sich trotz gemeinsamer Handlungsanlässe beruflich voneinander abzugrenzen (vgl. Petrie 1976).

Weil Berufskulturen aufgrund ihrer kognitiven Strukturen unterschiedlichen Relevanzen, Wissensordnungen und Handlungsoptionen am Fall folgen bzw. diese fallbezogen zur Geltung bringen, wird auch in der Kooperationspraxis von einer Barrierebildung zwischen Professionen ausgegangen: „jede spezifische professionelle Orientierung erzeugt Kommunikationsbarrieren zwischen den Professionen" (Hall 2005, S. 191). Es könne, so die Annahme, vor dem Hintergrund unterschiedlicher fachlicher Orientierungen daher nicht von einem gemeinsamen Fall- oder Problemverständnis ausgegangen werden. In der Praxis führt das zu divergierenden Fallperspektiven, die zu einer Integration nach innen, also der Übersetzung von Fallproblemen in die eigene Professionslogik, aber auch zur Abgrenzung nach außen, gegenüber anderen Fachperspektiven führen. Für Petrie (1976) bedeutet diese Einschätzung, „dass zwei gegenüberliegende Professionen auf dieselben Dinge schauen können, ohne dieselben Dinge zu sehen" (1976, S. 35). Daran schließen zwei Folgeüberlegungen an. Einmal die Frage, wie Kooperation auf dieser Grundlage überhaupt zustande kommt und zweitens die Fragestellung, welche Qualitäten Kooperationsbeziehungen aus einer ‚kognitiven Distanz' heraus haben können?

Für diese Betrachtung von Kooperationsbeziehungen wird in der Forschung der Begriff Multiprofessionelle Kooperation verwendet. „Multiprofessionelle Projekte verlangen vom Einzelnen, die eigenen Dinge zu tun, mit wenigen Berührungen oder gar keiner Notwendigkeit der Beteiligten, die Arbeit der anderen überhaupt wahrzunehmen" (Petrie 1976, S. 30). Multiprofessionalität wird daher auch als grundlegende oder basale Form der Zusammenarbeit angesehen. Sie verweist auf unterschiedliche disziplinäre Zugänge und es wird an einem Problem mehr oder weniger parallel und gleichzeitig gearbeitet – ohne gegenseitige Beeinflussung oder Herausforderung der eigenen disziplinären Grenzen (vgl. Choi & Pak 2006, S. 359). Und selbst wenn diese Fallperspektiven in der Praxis aufeinandertreffen, geht es den Fachkräften eher um eine „Herstellung von Differenzierung mit Blick auf Aufgaben und Zuständigkeiten" (Kunze 2015, S. 170). Im Rahmen dieser Zuordnung wird zwar einerseits von der Notwendigkeit einer Zusammenarbeit ausgegangen, aber auch von einer Aufrechterhaltung einer professionsspezifischen Blickweise (vgl. Bauer 2014, S. 277). Unter diesen Vorzeichen lautet die Fragestellung bezogen auf die Kooperationsordnung im Ganzen: Wie schaffen es Professionen trotz einer Kooperationsaufforderung eigenständige Fallperspektiven auszubilden und zu verteidigen?

Bei Kinderschutzaufgaben spiegelt sich dieses Arbeitsprinzip in Fallkonstellationen, die gleichzeitig von unterschiedlichen Fachkräften bearbeitet werden. Kinderschutzfälle sind nicht von vornherein Fälle familiärer Erziehungsprobleme, sondern zugleich auch Fälle für die Psychologie, Psychiatrie, Medizin, Justiz und Polizei. ‚Zugleich' bedeutet analytisch, eine monoberufliche Perspektive auf Kinderschutzfälle aufzugeben und zweitens anzuerkennen, dass Aufgaben zum Kinderschutz in unterschiedliche berufliche und institutionelle Kontexte ‚übersetzt' werden müssen. Dabei – so Thomas Klatetzki – sei nicht zwangsläufig zu erwarten, dass Kooperationen auch zu einem umfassenderen Problem- oder Fallverständnis führen. Denn je mehr Kooperationspartner ‚am Fall' zusammenarbeiten, desto größer ist auch die Herausforderung an ein berufliches Fremdverstehen. Klatetzki (2020, S. 109) spricht stattdessen von einer Anhäufung von „Nicht-Wissen" durch multiprofessionelle Arbeitsweisen. Weder wird die Primärzuständigkeit der jeweiligen Profession durch den Einbezug von Kooperationspartnern durchbrochen, noch bestehe in der praktischen Fallarbeit überhaupt ein zwingender Auftrag zum beruflichen Perspektivenwechsel:

> „Die Produktion von Nichtwissen durch Irrelevanz beruht zum einen auf der beruflichen und organisatorischen Arbeitsteilung und der damit verbundenen Verteilung von Zuständigkeiten und Nicht-Zuständigkeiten: Man weiß nur das, wofür man zuständig ist, man weiß das nicht, wofür man nicht zuständig ist. Und man muss das auch nicht wissen" (ebd.).

Voraussetzung multiprofessioneller Fallarbeit sind Informationsweitergaben zwischen den anschließend zuständigen Berufssystemen, gewissermaßen als die notwendige Bedingung, um berufliche Arbeitsabläufe über Professionsgrenzen hinweg überhaupt in Gang zu bringen. Das dafür üblicherweise genutzte Verfahren sind Überweisungen oder andere Formen der Informationsweitergabe. Stichweh (1996) kommt zu der Einschätzung, dass Überweisungen ein zentrales Kommunikationsmittel zwischen Professionen darstellen: „Überweisungen stellen den Kontakt zwischen Professionellen dadurch her, dass sie primär einen Klienten transportieren und nur sekundär Informationen" (ebd., S. 315). Überweisungen sind aber auch eine Kontrollmöglichkeit unter Kooperationspartner*innen, einerseits um die Fachlichkeit anderer Berufe zu honorieren, sie sind aber auch ein Sanktionsmittel gegenüber ‚unfähigen‘ Berufsgruppen oder ‚ungeeigneten‘ Fachkräften, wenn z. B. Informationsweitergaben boykottiert werden (vgl. Freidson 1975, S. 68).

Die an der Fallarbeit beteiligten Professionen bearbeiten bei einer multiprofessionellen Kooperation Ausschnitte von Gefährdungen und das im Rahmen abgeschirmter, eigenständiger Fallperspektiven. Wenn sich bezogen auf Kinderschutzaufgaben unterschiedliche Fallbezüge an einer Gefährdungssituation anhäufen, kann sie für die beteiligten Fachkräfte gleichzeitig eine Straftat (Polizei), Verletzung (Medizin) oder den Anlass für Hilfe und Unterstützung (Pädagogik) darstellen und das ohne, dass in der auf dieses Fallproblem gerichteten Fallbearbeitung sich diese Perspektiven tatsächlich begegnen, beeinflussen oder Professionen überhaupt in Berührung zueinander kommen. Voraussetzung multiprofessioneller Fallarbeit ist jedoch ein Hineinholen von Aufgaben zum Kinderschutz in das eigene berufliche Aufgabenfeld, die Herausbildung eines Fallbezugs auf der Grundlage fachlicher Kompetenzen und eigene Zielsetzungen, die mit der Fallarbeit erreicht werden sollen.

Professionen besitzen hiernach auch eigene Zugänge zu Familien und besonderen Hinweisen auf Gefährdungssituationen, eigene Wert- und Zielvorstellungen ihrer Kinderschutzaufgaben, eigene Relevanzen bei der Gefährdungskonstruktionen und berufsspezifische Bearbeitungsverfahren. Jede Profession widmet sich einer Gefährdungssituation auf der Grundlage einer eigenen Fallkonstruktion.

Zusammenfassung: Multiprofessionelle Kooperationen unterliegen – analytisch gesehen – nur geringen Vorgaben und sie verfolgen selten gemeinsame Zielstellungen. Der Struktur nach handelt es sich um eine offene Kooperation ohne feste Regelstruktur der Zusammenarbeit. Auf dieser Grundlage ist auch die konkrete Kooperationspraxis als weitgehend konfliktfrei zu betrachten. Eine Herausforderung besteht allerdings im Hinblick auf ein berufliches Fremdverstehen. Denn Professionen müssen sich gegenseitig verständlich machen, welche unterschiedlichen Ziele sie am Einzelfall verfolgen und inwiefern sie sich einer eigenen, abgrenzbaren Problem- oder Fragestellung am Fall zuwenden. Multiprofessionelle Kooperation entspricht daher einem ‚Nebeneinander' beruflicher Arbeitsweisen, die sich zwar am Einzelfall kreuzen, aber dann parallel und meist simultan nebeneinander verlaufen.

4.2 Das Miteinander von Professionen als interdisziplinäre Arbeitsteilung

Spricht man indessen, wie es interaktionistische Zugänge nahelegen, von einer Arbeitsteilung als Grundstruktur beruflicher Zusammenarbeit, so legt diese Betrachtung nahe, die dabei auftretenden Koordinierungsfragen auch bei der Betrachtung von Kooperationsbeziehungen eingehender zu berücksichtigen. Ausgangspunkt ist die Beobachtung, dass es Professionen im Zuge gesellschaftlicher Differenzierungsprozesse zunehmend seltener gelingt, einen Fall im Ganzen, also von der Entgegennahme erster Informationen bis zum Interventionsende eigenständig zu bearbeiten. Berufliche Differenzierungsprozesse, diversifizierte Berufsbilder und die Herausbildung neuer, berufsübergreifender Handlungsfelder würden aber nicht nur eine Aufspaltung von Fallperspektiven nach sich ziehen, sondern führen zu einer notwendigen Kooperation quer zu den wichtigen beruflichen Arbeitslinien. Arbeitsteilung ist insofern eine unmittelbare Folge aus einer gesellschaftlichen Komplexitätssteigerung bzw. aus einer damit verbundenen Desintegration der Fallarbeit aus einem beruflich abgeschirmten Arbeitszusammenhang. Der „Gesamtarbeitsbogen" (Strauss 1985, S. 2), so wie interaktionistische Theorien den Arbeitsprozess beschreiben, ist an entscheidenden Stellen des Diagnose- und Behandlungsschemas durchbrochen. Das Resultat sind neue Abstimmungsprozesse, die auf Schnittstellenprobleme und Spezialisierungsprozesse reagieren sowie Herausforderungen, die die Integration und Desintegration von Arbeitsabläufen betreffen (vgl. Schubert & Vogd 2009).

Der Auftrag der Professionsforschung wird darin gesehen, herauszufinden, wie und durch welche Prinzipien unterschiedliche Professionen aufeinander Bezug

nehmen. Insofern geht es auch nicht um eine kategoriale Vorentscheidung eines dominanten Kooperationsprinzips in der beruflichen Zusammenarbeit, sondern um
die Analyse konkreter Tätigkeiten, die eine gemeinsame ‚Unternehmung' (i. S. v.
‚going concern' Hughes 1993), eine Kooperationspraxis, zum Erfolg bringen:
„Herauszufinden, welche Gruppen wie und mit welchen Folgen an einem gemeinsamen Gegenstand über einen gewissen Zeitraum zusammenarbeiten" (Clarke
& Gerson 1992, S. 187), ist eine zentrale Zielstellung dieser Berufsfeldforschung.
Die Befunde solcher Analysen sind daher in erster Linie empirisch zu würdigen,
aber ebenso als vorläufige – auf einen konkreten Gegenstand und Handlungsfeld
bezogene – Ergebnisse zu betrachten. Dies wiederum legt nahe, unterschiedliche
Formen der Arbeitsteilung als eine vorläufige Ordnung unter den kooperierenden
Berufsgruppen zu verstehen, die erst durch ihre Interaktionen zustande kommt und
sich an gemeinsamen Arbeitsprojekten stabilisiert. Im Kontrast zur kognitiven
Ausrichtung der oben beschriebenen multiprofessionellen Kooperation geht es diesem Zugang um die *Interaktionsseite beruflichen Handelns* und um die Fragestellung, wie Berufsgruppen gegenseitig aufeinander Bezug nehmen, wechselseitige
Abhängigkeiten ausbilden, um gemeinsame Ziele zu erreichen. Drei Fragen sind
für solche empirische Analysen besonders zu beachten.

(1) Reflexionen auf den Gegenstand der Zusammenarbeit. *Gegenstandsbezogen-
    heit der Kooperation* bedeutet zu analysieren, welche Inhalte oder Themen von
    einer Kooperationsaufforderung berührt werden. Es ist ein wesentlicher Unter-
    schied, ob sich Arbeitsbeziehungen auf berufliche Kernarbeitsinhalte richten
    oder von den zuständigen Fachkräften als ‚unliebsame' Aufgaben betrachtet
    werden; also als Tätigkeiten gelten, die ohne Verlust beruflicher Identität auch
    problemlos an andere Berufsgruppen übergeben werden können. Hinter dieser
    Forderung steht die Überlegung, Aufgaben zur Kooperation dahingehend zu
    prüfen, inwiefern sie den Identitätskern einer Berufsgruppe berühren.
(2) *Betrachtungen des Handlungsfelds als Kontextbedingungen*. Auf welcher
    Grundlage stabilisieren sich Kooperationsbeziehungen? Handelt es um lose
    Vereinbarungen auf der Basis persönlicher Absprachen? Oder sind es Ver-
    pflichtungen, die auch durch Institutionalisierungsprozesse in den an-
    geschlossenen Berufsfeldern ‚unterlegt' werden, und sich beispielsweise in
    Rechtsvorschriften oder Organisationsvorgaben niederschlagen? Damit verän-
    dert sich nicht nur der Verpflichtungscharakter der Kooperation, sondern auch
    die Reichweite der etablierten Kooperationsordnung, also in welchen lokalen,
    sozial-räumlichen Kontexten sich Berufsvertreter*innen auch als Repräsen-
    tant*innen eines gemeinsam hergestellten und akzeptierten Beziehungsge-
    füges begegnen.

(3) Welche Berufe miteinander kooperieren, hat ebenso Einfluss auf die Arbeitsteilung. Es kann davon ausgegangen werden, dass Kooperationsbeziehungen je nach *Professionsbeteiligung* variieren. Für den Kinderschutz lässt sich nachweisen, dass sich Kooperationsbeziehungen unter den beteiligten Berufsgruppen deutlich unterscheiden; es also einen Unterschied macht, ob Fachkräfte der Jugendhilfe mit Fachkräften der Polizei oder beispielsweise mit Vertreter*innen der Medizin zusammenarbeiten (Franzheld 2017).

Weil Professionen im Modell der Arbeitsteilung in Abhängigkeit zueinanderstehen, lässt sich von einer *interdisziplinären Fallarbeit* sprechen. Es handelt sich um eine „gegenseitige Beeinflussung zwischen Disziplinen, die im Rahmen der Zusammenarbeit notwendigerweise ihre Disziplingrenzen herausfordern müssen, um neue Perspektiven auf eine Problemstellung zu gewinnen" (Choi & Pak 2006, S. 359). Diese Beschreibung betont die gegenseitigen Bezugnahmen von Professionen im Sinne einer handlungspraktischen Notwendigkeit unterschiedliche Perspektiven ‚am Fall' zu integrieren.

Bezogen auf die konkrete Fallbearbeitung folgen die hierunter gefassten beruflichen Arbeitsbeziehungen einer konsekutiven Aufgabenerledigung. Berufliche Tätigkeiten greifen an wichtigen Stellen des Arbeitsprozesses ineinander und die Abstimmung dieser Handlungsfolgen sind notwendige Voraussetzung, um einen Fall umfassend, also auch abschließend und auch im Hinblick auf ein übergeordnetes Ziel zu bearbeiten. Durch die arbeitsteilige Grundordnung wird auch das Diagnose- und Behandlungsschema einer Profession an entscheidenden Stellen durchbrochen und es ist eine empirische Frage, welche Teilaufgaben die fallbeteiligten Fachkräfte in diesem wechselseitigen Ablaufprozess füreinander übernehmen.

Im Kinderschutz lässt sich zeigen, dass sich solche arbeitsteilig organisierten Kooperationsbeziehungen in Melde-, Diagnose- und Interventionsnetzwerken abspielen, je nachdem wann und mit welcher Zielstellung sich Professionen in die Fallarbeit einschalten oder eingeschaltet werden (Bohler & Franzheld 2019). Bei Meldenetzwerken geht es in erster Linie um Informationsweitergaben jener Berufsgruppen, die ein Erstbearbeitungsmandat der Gefahrenabwehr besitzen, die also tatsächlich in der ‚frontline work' (Saltiel 2016) auf Hinweise zu Gefährdungen stoßen und diese dann an zuständige Stellen weiterleiten. Bei der ‚reinen' Meldung verstehen sich die Meldeinstanzen jedoch ausschließlich als Informationsgeber für andere Professionen. In der Folge, also nach der Meldung, wird nicht weiter auf den Fallverlauf Einfluss genommen. Diagnosebeziehungen sind hingegen anders strukturiert bzw. werden aus anderen Gründen eingegangen. Meist geht es im Diagnosenetzwerk um den Nachweis einer Gefährdung bzw. um das Einholen einer darauf bezogenen

Expert*innenmeinung. Insofern verweisen zum Beispiel ärztliche Konsultationen oder die medizinische Begutachtung von Verletzungsspuren auf eine gesellschaftlich anerkannte Expertise der Medizin, mit der anschließend auch Schutzeingriffe aufseiten von Jugendämtern begründet werden. Wieder offener sind Interventionen. Sie reichen im Kinderschutz von der Beteiligung zur Unterstützung von Familien durch Erziehungshilfen, über die Einbindung von Frühen Hilfen oder Familiennetzwerken. Mit diesen Interventionsbeziehungen soll meist eine Art institutionelle Einbindung, aber auch eine öffentliche, strukturierte Kontrolle der Familie im Hinblick auf die Einhaltung ihrer Erziehungspflichten erreicht werden.

Zusammenfassung: Beim Miteinander von Professionen werden berufliche Arbeitsabläufe an entscheidenden Stellen durchbrochen. Es bestehen Abhängigkeiten unter den Kooperationspartner*innen zur Bearbeitung von praktischen Handlungsproblemen. Die Integration von Arbeitsleistung erfolgt entlang gemeinsamer Zielvorstellungen, im Kinderschutz beispielsweise der Sicherung des Kindeswohls. Die darauf bezogenen Kooperationen orientieren sich am Prinzip der Arbeitsteilung. Weil Professionen Fälle nur ‚ausschnittweise' bearbeiten, also beispielsweise für die Beschaffung von Informationen, für Diagnosen oder anschließende Interventionen zuständig werden, lässt sich auch von ‚interdisziplinärer Kooperation' (Franzheld 2020) sprechen. Gegenüber fachlich abgeschirmten Arbeitsweisen sind diese Kooperationsbeziehungen auf eine konsekutive Zusammenarbeit am Fall angewiesen.

4.3   Das Gegeneinander von Professionen als Spiel um Überlegenheit

Kooperationen können aber auch einseitig dazu genutzt werden, berufliche Statusansprüche zu kommunizieren, also einen Handlungsanlass darstellen, die besonderen Kompetenzen einer Berufsgruppe in angrenzenden Berufsfeldern sichtbar zu machen. Diese Perspektive ist machttheoretisch geprägt und fragt in erster Linie danach, inwiefern Kooperationen berufliche Über- oder Unterordnungsverhältnisse (re-)produzieren. Kooperationen werden in diesem Modell dann eingegangen, wenn es sich für eine Profession ‚lohnt', in ein Spiel um Macht und Anspruch einzutreten. Teilweise handelt es sich dabei um strategische, also bewusste Interessen einzelner Professionsangehöriger, teilweise aber auch um habituelle Dispositionen von Professionen im Ganzen, die auch unbewusst in der Lage sind, neue und zumal gesellschaftsweite Aufmerksamkeiten als ein Spielfeld von Macht und Einfluss zu erkennen. Pierre Bourdieu bezeichnet die Leistungen von Professionen bei solchen beruflichen Distinktionen als Brechungseffekte. Handlungsfelder, in denen unterschiedliche Professionen aufeinandertreffen, sind Felder, in denen sie sich in Kräfteverhältnissen begegnen und sich auf längere Sicht Positionswechsel im Feld abspielen. Kooperationen sind daher, wie das Feld allgemein, ein „Spiel-Raum mit dynamischen Grenzen" (Bourdieu & Wacquant 2006, S. 135):

> „Der entscheidende Hinweis auf den Grad der Autonomie eines Feldes ist also seine Brechungsstärke, seine Übersetzungsmacht. Umgekehrt zeigt sich die Heteronomie eines Feldes wesentlich durch die Tatsache, dass dort äußere Fragestellungen […] halbwegs ungebrochen zum Ausdruck kommen" (Bourdieu 1998, S. 19).

Um die eigene Position im Feld aufzuwerten bzw. um Neupositionierungen im Sinne einer Ausweitung des beruflichen Einflusses zu erreichen, braucht es praktische, auf ein konkretes Problem bezogene Urteilskompetenzen. Bourdieu meint damit das gesamte, „kollektiv angehäuften Arsenal von Methoden, Instrumenten, Techniken" (ebd.: 30), die einer Berufsgruppe in diesem Spiel zur Verfügung stehen.

Im Kontrast zum Neben- oder Miteinander von Professionen wird in diesem Ansatz von distributiven Verteilungskämpfen ausgegangen, bei denen Professionen im Rahmen ihrer Zusammenarbeit eine Allokation des eigenen Einflusses anstreben. Dabei lassen sich drei Sichtweisen unterscheiden (vgl. Döhler 1997). Im sogenannten Dominanzmodell bilden Über- und Unterordnungsverhältnisse zwischen einzelnen Berufsgruppen den analytischen Ausgangspunkt. Im Prozess der Professionalisierung entstehen Berufe, die subordinierte Berufsgruppen systematisch dominieren: „Wo wir eine Berufsgruppe mit organisierter Autonomie innerhalb eines Systems von Arbeitsteilung finden, da dominiert sie über die anderen, […] können wir sie als eine dominierende Profession bezeichnen" (Freidson, 1975, S. 305). Die Konkurrenzperspektive hingegen betont die Möglichkeit wechselseitiger Einflussnahme und Umkehrbarkeit von Autonomie- und Zuständigkeitsbildungsprozessen. Trotz faktisch möglicher Unterordnungsverhältnisse bleibt diese Perspektive offen für Prozesse von Zuständigkeitswechseln zwischen professionellen Gruppen sowie für die Neuentstehung von Berufen. Eine dritte Perspektive schließt stärker am Gleichheitsgrundsatz des Netzwerkkonzepts an. Gegenüber der macht- und konflikttheoretischen Rekonstruktion zwischenprofessioneller Zusammenarbeit liegt der Schwerpunkt auf der Analyse der Beziehungsmuster in einem „connected network" (Döhler, 1997, S. 67). Statt auf dauerhafter Hierarchie oder dynamischer *Konkurrenz* beruhen die professionellen Beziehungen auf einem *Tauschprinzip*. Es werden beispielsweise Informationen zu Klient*innen eingetauscht gegen eine Mitbestimmung bei Interventionen. Auch diese Lesart zwischenprofessioneller Arbeitsorganisation rahmt jedoch die Zusammenarbeit als strategische Beziehungsmuster, für die Autonomiesteigerung, Einflusssphären und Abhängigkeitsstrukturen relevant sind.

Wenn es bei Kooperationen, wie dieser Ansatz nahelegt, darum geht, die eigene Definitionsmacht gegenüber anderen Berufsgruppen auszuweiten, ist auch mit Konflikten in der Zusammenarbeit bzw. mit einem Kampf um eine legitime Deutung einer Kindeswohlgefährdung zu rechnen. Wenn beispielsweise Polizeiangehörige Jugendämtern nicht nur Meldung erstatten, sondern auch ihre Urteile zu Tat und Schuld an Fachkräfte der Jugendhilfe herantragen, oder wenn medizinische Dienste aus ihren eigenen Diagnosekompetenzen Ansprüche auf eine Fremdplatzierung von Kindern ableiten und dabei in gewisser Weise die Zuständigkeiten der Jugendhilfe übergehen, sind Kooperationen geeignete Gelegenheiten, konkurrierende Deutungen in die Fallarbeit einzubringen und diese auch gegenüber den Kooperationspartner*innen zu verteidigen.

Zusammenfassung: Beim Gegeneinander von Professionen wird bei Kooperationen um öffentliche Ressourcen gerungen, beispielsweise um gesellschaftliches Ansehen oder berufliche Anerkennung. Kooperationen sind in diesem Sinne ‚Spielfelder' fachlicher Deutungskämpfe und Orte, an denen sich Zuständigkeiten bewähren. In Kooperationsbeziehungen bestätigen sich insofern nicht nur berufliche Status- oder Kompetenzunterschiede, sie werden auch als ‚Arenen' angesehen, die langfristig zu Verschiebungen von Zuständigkeiten zwischen Berufsgruppen führen, sich also positiv oder negativ auf Professionalisierungsprozesse einer Berufsgruppe auswirken. In diesem Verständnis geht es der Kooperation vorrangig um das ‚Sichtbarmachen' von Expertisen und Problemlösungskompetenzen in angrenzenden Berufsfeldern.

Aufgabe
Suchen Sie nach eigenen Beispielen für die drei beschriebenen Kooperationsprinzipien (Nebeneinander – Miteinander – Gegeneinander). In welchen Arbeitskontexten kann die Fallarbeit eigenständig und parallel zu anderen Berufsgruppen und deren Arbeitsprozessen stattfinden, wo ist die Fallarbeit hingegen zwingend auf eine Kooperation in den wichtigen Handlungsschritten angewiesen und wo ergeben sich bei einer Kooperation Konkurrenzsituationen für eine fachliche Falleinschätzung?

Methode – Fallrekonstruktionen zum professionellen Handeln

5

Im Folgenden werden zwei Kinderschutzfälle eingehender und auf der Basis von Aktendokumenten eines Jugendamts vorgestellt und interpretiert. Die ausgewählten Fälle veranschaulichen, wie Fachkräfte der Kinder- und Jugendhilfe sowie angrenzende Berufsgruppen Aufgaben des Kinderschutzes übernehmen und welche Herausforderungen sie im Hinblick auf die Zusammenarbeit mit Familien, aber auch für die Koordination unter den beteiligten Fachkräften zu bewältigen haben.

Für Reflexionen pädagogischen Handelns und Denkens haben Fallrekonstruktionen, also kasuistisch geprägte und auf einen Fall ausgerichtete Analysen, eine lange Tradition. Für fallrekonstruktive Forschungsansätze besteht keine grundsätzliche Differenz zwischen praktischer Fallarbeit und einer wissenschaftlichen Fallrekonstruktion. Beide Seiten, Wissenschaft und Praxis, folgen fallverstehenden Arbeitsweisen, wenn auch mit unterschiedlicher Intensität und Zielstellung (Kraimer 2000). Wird der idealtypischen Gegenüberstellung von wissenschaftlichen Interpretationen, der Fallrekonstruktion, (Theorie) und der Fallarbeit in der beruflichen Praxis im Anschluss an die Objektive Hermeneutik gefolgt, arbeiten sowohl Professionen, die ihr Handeln auf die Wiedererlangung einer autonomen Lebensführung richten, als auch die wissenschaftliche Hypothesenbildung, die der Überprüfung von Geltungsansprüchen nachgeht, fallrekonstruktiv (vgl. Oevermann 2005). Wissenschaftliche Fallrekonstruktionen interessieren sich für latente Sinnstrukturen, die sich am Einzelfall herausbilden bzw. sind vom Interesse geleitet, vom Einzelfall auf allgemeine Strukturmuster eines Phänomens zu schließen. Es geht um einen Erkenntnisgewinn am Einzelfall auf der Grundlage eines festgelegten Verfahrens der Fallerschließung. Fallrekonstruktionen sind dabei an

T. Franzheld, *Multiprofessionelle Zusammenarbeit – Kinderschutz interdisziplinär und partizipativ*, Studientexte zur Soziologie, https://doi.org/10.1007/978-3-658-49642-5_5

die Arbeitsschritte der extensiven Fallauslegung, der Hypothesenbildung und der Rekonstruktion übergreifender Strukturmuster gebunden. Wissenschaftliche Fallrekonstruktionen erfolgen dabei weitgehend handlungsentlastend und bewähren sich in erster Linie an der Nachvollziehbarkeit der wissenschaftlichen Deutung und am Prinzip der Falsifikationen. Am Fall entwickelte Deutungen haben dann nur so lange Bestand, bis empirische Gegenproben zu einer Anpassung der Interpretation auffordern oder eine Neubetrachtung des Phänomens notwendig machen (Oevermann 2000). Die praktische Fallarbeit orientiert sich demgegenüber an der beruflichen Handlungspraxis und am Ziel einer stellvertretenden Deutung für manifest vorliegende Handlungsbeschränkungen von Einzelpersonen oder Familiensystemen. Aber auch diese Arbeitsweisen können nicht aus dem Korpus beruflicher Wissensbestände abgeleitet werden, sondern die Professionsangehörigen müssen fallweise über Problemkonstellationen und ihre praktischen Konsequenzen für die Betroffenen urteilen. Fallarbeit verlangt (a) die Rekonstruktion der Fallgesetzlichkeit als Verstehen der vorliegenden Fallproblematik, (b) eine Diagnosestellung, welche die Fallspezifik in Bearbeitungsstrukturen übersetzt und (c) die Notwendigkeit des Eindringens in die Lebenswelt der Klient*innen, um die Bewältigung der Krisensituation zu organisieren (vgl. Oevermann 1996). Im Gegensatz zur wissenschaftlichen Fallrekonstruktion muss sich das professionelle Urteil jedoch auch an der Pragmatik des beruflichen Alltags sowie an der Brauchbarkeit der entwickelten Lösungsstrategien für die Betroffenen bewähren (vgl. Oevermann 2002, S. 26).

Kasuistische Ansätze befördern auch im pädagogischen Denken eine Theorie-Praxis-Vermittlung. Zwar können Aufgaben und Ziele von theoretischen und praktischen Deutungen voneinander abweichen bzw. gänzlich unterschiedliche Problemkonstruktionen in den Fokus der Interpretation rücken, dennoch überschneiden sich beide Perspektiven an elementaren Grundüberzeugungen im Hinblick auf gemeinsame methodische Prinzipien und wichtige Arbeitsschritte in der Fallauslegung: „Wie jeder Prozess empirischen Erkenntnisgewinns, so haben auch Prozesse des Fallverstehens oder der Diagnose ein erkenntnislogisches Grundproblem zu lösen" (Ader & Schrapper 2020, S. 23). Der Fall kann aus Sicht von Praktiker*innen als ein Reflexionsort angesehen werden, um berufliche Gewissheiten auf die Probe zu stellen bzw. um neue Einsichten zu konkreten Fallprobleme zu gewinnen. Im Vergleich zu anderen Professionssystemen, die deutlich früher einen erfolgreichen Professionalisierungsprozess durchlaufen haben, ging es der pädagogischen Kasuistik zunächst um die Schaffung eines Rückzugsorts für die Reflexion praktischer Erfahrungen (vgl. v. Wensierski, 2006, S. 465).

Methodisch wird bei der anschließenden Interpretation von zwei Kinderschutzfällen also vom fallrekonstruktiven Paradigma der Sozialforschung ausgegangen, das sich im Kern auf die Methode der Sequenzanalyse stützt (Oevermann 2000, S. 64 ff.). Dieses Paradigma fasst die soziale Wirklichkeit als Text, dessen objektive Bedeutung es zu erschließen gilt. Die soziale Wirklichkeit ist im Rahmen der professionellen Fallarbeit als berufliche Praxis bereits durch einen sequenziellen Aufbau strukturiert. In jeder Phase des beruflichen Handlungsverlaufs wird eine Auswahl aus gegebenen Möglichkeiten getroffen, die ihrerseits zu Bedingungen für weiteres Handeln werden, das dann in einer neuen Sequenz wiederum weitere Folgen erzeugt (Strauss 1993, S. 56) – und zwar in jeder Phase intendierte wie nicht intendierte.

Die rekonstruktive Forschung bewegt sich im Rahmen solcher Sequenzanalysen immer in einem hermeneutischen Zirkel. Das gilt auch für die Wahl der theoretischen Heuristik mit ihrer den Gegenstand erschließenden Kategorien. Schon die Fallschilderungen des zuständigen Jugendamts und ebenso der erste Einblick in den Korpus der vorliegenden Fallakten ergab, dass die im folgenden präsentierten Kinderschutzfälle besondere Herausforderungen für die Arbeit mit Familien und unter den beteiligten Berufsgruppen darstellen. Deshalb geht es in den folgenden Analysen nicht um die Gelingensbedingungen beruflicher Kinderschutzarbeit abgeleitet von einem vorgegebenen Modell ‚guter' Fallarbeit, sondern um die „problematischen Aspekte […] professionellen Handelns" (Schütze 1992, S. 135), im Sinne einer empirischen Verdeutlichung der besonderen Herausforderungen im Kinderschutz und ihrer praktischen Bewältigung.

In der Sozialforschung ist es in dem hier thematischen Feld geradezu üblich, Fragen des beruflichen Einflusses und des gesellschaftlichen Status einer Profession makroanalytisch, also ausgehend von dem Einheitsbild einer Profession zu untersuchen. Dagegen werden mit der fallrekonstruktiven Methode zumeist die konkrete Fallarbeit und ihre fachlichen Standards hinterfragt. Die anschließende Analyse dagegen ‚kreuzt' das fallrekonstruktive Methodenparadigma mit dem Interesse am sozialen Arrangement mehrerer beteiligter Professionen. Konkret wird anhand der in einer Jugendamtsakte protokollierten Handlungsabfolge der Umgang mit Fällen einer Kindeswohlgefährdung präsentiert und interpretiert. Das Vorgehen lässt sich insofern als eine sequenziell-rekonstruktionslogische Dokumentenanalyse charakterisieren. Dabei konzentrieren sich die Interpretation auf die in den Texten vorfindlichen objektiven Daten sowie die Rekonstruktion der strukturellen Bedeutung von Handlungsmustern und Entscheidungen in fallsequenziellen Übergängen.

Fallrekonstruktionen auf der Basis von Aktenprotokollen sind besonders geeignet, um die konditionelle Verkettung von Ereignissen zu einer Fallgeschichte analytisch zu untersuchen (Bohler & Franzheld 2020) und können diese Fallgeschichte wiederum eng koppeln an die organisationale Erfassungs- und Entscheidungslogik der beteiligten Hilfesysteme. Weil in Jugendamtsakten unterschiedliche berufliche Perspektiven aufgerufen werden bzw. Fachkräfte der Allgemeinen Sozialen Dienste wichtige Koordinierungsaufgaben im Kinderschutz übernehmen, sind seine Akten auch ein reichhaltiger Fundus zur Analyse von Kooperationsbeziehungen fallbeteiligter Berufsgruppen, aber auch zur Analyse der Beziehung zwischen Fachkräften und Familien.

Im Hinblick auf die Herausforderungen professioneller Fallarbeit sind Akten daher keine ‚künstlichen' Verwaltungsdokumente des Jugendamts, sondern auch Manifestationen familialer Lebenswirklichkeiten im Kontext behördlicher Interventionen (Bergmann 2014, S. 30). Denn in der Fallakte begegnen sich die Lebenspraxis von Familien im Sinne einer ‚natürlichen Ausdrucksgestalt' ihrer mitunter problematisch gewordenen Erziehungsverhältnisse und dadurch hervorgerufener Gefährdungslagen mit einer von den Sozialen Diensten herbeigeführten und protokollierten Einflussnahme auf selbige. Es treffen insofern materiale, auf die jeweilige Familie zielende, und formale, auf das Jugendamt gerichtete Fallbezüge in einer Verlaufsgestalt zusammen. Von Bedeutung für die Beschäftigung mit Kinderschutzfällen ist daher die Sequenzialität der Fallbearbeitung auch in der Hinsicht, dass damit Fallverläufe in ihrem ‚geworden-sein' in den Fokus rücken.

Bei der Analyse einer Fallakte wird das durch die protokollierenden Instanzen bereits vorinterpretierte Datenmaterial einer sekundären Analyse unterzogen. Entscheidend für die Aufschlusskraft der Interpretation ist die Reichhaltigkeit und Dichte der vorliegenden Daten. Je reichhaltiger und dichter die Datenlage ist, desto eher vermag die Sozialforschung auch die fallspezifischen Strukturmuster einer Intervention und ihrer Einflussfaktoren zu erfassen. Um Struktur- und Handlungsmuster adäquat zu rekonstruieren, muss die Analyse schrittweise erfolgen. Blatt für Blatt wird einer Fallakte und ihren Notaten gefolgt (Wernet 2006, S. 16 ff.). Die Interpretation richtet sich auf die in den Dokumenten vorfindlichen objektiven Daten sowie die Rekonstruktion der strukturellen Bedeutung von Handlungs- und Entscheidungsmustern. Solche Daten aus Fallakten stellen für Oevermann (2002, S. 6) Ausdruckgestalten einer Verlaufs- und Vollzugswirklichkeit dar und können aufgrund ihrer Textförmigkeit als „methodisch zureichende Grundlage für zwingende Schlussfolgerungen der erfahrungswissenschaftlichen Erforschung" (ebd.) erachtet werden.

Der Kinderschutzfall – Familie Schön

6

Familie Schön[1] wird wegen Verdachts auf Kindeswohlgefährdung dem zuständigen Kreisjugendamt am 7. Mai 2007 bekannt. Die Leiterin der Kindertagesstätte, welche die Tochter zu dieser Zeit besucht, „meldet" Auffälligkeiten bei Sophia Schön. Sie lassen bei der betreuenden Erzieherin und ihr den Verdacht aufkommen, das Mädchen sei Opfer einer Misshandlung in der Familie geworden. Der für den Bezirk und damit den Fall zuständige Sozialarbeiter notiert folgende Sozialdaten zu Familie Schön und deren Lebenslage: Die Familie besteht aus einer Haushalts- und Lebensgemeinschaft in einer Kleinstadt am Rande des Frankenwalds, die sich aus drei Personen zusammensetzt: Das ist erstens Melanie Schön, geboren 1984 in der Kreisstadt des Nachbarkreises, zurzeit ohne Beschäftigung und Hartz-IV-Empfängerin – Schulbildung und Beruf sind nicht in der Akte vermerkt. Zweitens Ronny Schulze, der derzeitige Lebenspartner, der 1981 geboren wurde. Er hat einen Realschulabschluss und ist gelernter Zimmermann. Zurzeit der Fallgeschichte ist auch er ohne Anstellung. In der Jugendamtsakte sind darüber hinaus Straftaten von Ronny Schulze aufgeführt, die bis in das Jahr 2003 zurückreichen (gemeinschaftlicher schwerer Raub, Fahren ohne Führerschein sowie weitere Angaben zu Vorstrafen aus dem Bundeszentralregister). Und schließlich die Tochter von Melanie Schön, Sophia, die 2003 ebenfalls in der benachbarten Kreisstadt geboren wurde. Zum leiblichen Vater von Sophia, Mirko Knopf, sind weder das Geburtsdatum noch weitere personenbezogene Daten bekannt bzw. vermerkt.

---

[1] Alle personenbezogenen Daten aus beiden Fallgeschichten wurden für die Rekonstruktion anonymisiert bzw. unkenntlich gemacht.

© Der/die Autor(en), exklusiv lizenziert an Springer Fachmedien Wiesbaden GmbH, ein Teil von Springer Nature 2025
T. Franzheld, *Multiprofessionelle Zusammenarbeit – Kinderschutz interdisziplinär und partizipativ*, Studientexte zur Soziologie, https://doi.org/10.1007/978-3-658-49642-5_6

Dann die wenigen Daten der Familiengeschichte: Zur Herkunftsfamilie von
Melanie Schön ist bekannt, dass ihre Eltern geschieden sind. Ihr Vater wohnt seit
der Scheidung im Schwarzwald und ihre Mutter immer noch in einem Dorf im
Frankenwald. Als junge Erwachsene lebt Melanie Schön mit Mirko Knopf zusammen in einer Kleinstadt im benachbarten Landkreis. 2003 kommt die Tochter Sophia zur Welt, für die sie das gemeinsame Sorgerecht haben. Nach drei Jahren trennen sich Herr Knopf und Frau Schön im März 2006. Melanie Schön verlässt mit
Sophia die gemeinsame Wohnung und zieht zu ihrem neuen Lebensgefährten
Ronny Schulze. Zur Herkunftsfamilie von Ronny Schulze ist lediglich bekannt,
dass seine Eltern geschieden sind und sein Vater nach der Scheidung erneut heira-
tet. Ronny Schulze wächst bei seinem Vater und dessen zweiter Ehefrau (seiner
Stiefmutter) auf. Als die Familie im jetzt zuständigen Jugendamt 2007 bekannt
wird, erwarten Melanie und Ronny ein gemeinsames Kind (Melanie Schön ist damals laut Akte in der 21. Schwangerschaftswoche). Wir fassen die biografischen
Daten im folgenden Genogramm zusammen (siehe Abb. 6.1):

Da sich anhand der dürftigen Aktenlage wenig über das Familiensystem und familiäre Umfeld sowie die milieuweltliche Einbettung des Falls aussagen lässt, be-
schränken wir unsere Analyse zunächst auf potenzielle Gefährdungsmomente für

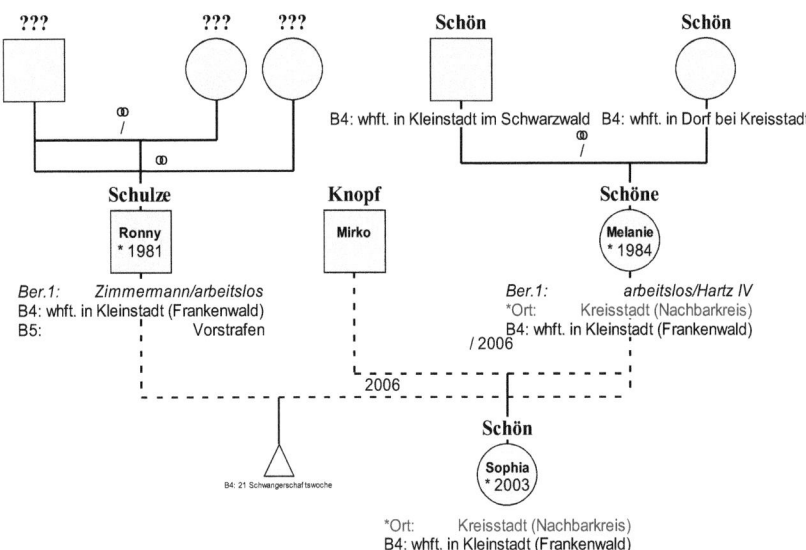

Abb. 6.1 Genogramm des Familiensystems auf Basis der Daten in der Fallakte

das Kindeswohl, die sich in den objektiven Familiendaten finden lassen. (1) Das familiäre und sozialisatorische Milieu ist durch relative Instabilität und den Wechsel von Bezugspersonen über zwei Generationen hinweg gekennzeichnet. Sowohl in der Elterngeneration Melanie Schöns und Ronny Schulzes als auch bei den Partnerschaften von Melanie Schön selbst haben Trennungen bzw. Scheidungen stattgefunden, was allerdings im Jugendamt nicht näher eruiert wird. (2) Mit dem Umzug von Melanie Schön und ihrer Tochter zu ihrem neuen Lebenspartner Ronny Schulze ergibt sich eine „soziale" Stiefelternproblematik. Die amtliche Statistik weist bezüglich des Gefährdungspotenzials in dieser Familienform für Kinder ein erhöhtes Risiko auf, von Gewalttaten betroffen zu sein (Funcke & Hildenbrand 2009, S. 81). (3) Das Alter der Tochter Sophia (4 Jahre) kann ebenfalls als erhöhte Gefährdungslage interpretiert werden. Denn je jünger Kinder sind, desto häufiger findet eine Herausnahme und eine Fremdunterbringung durch die Jugendämter statt – schon, weil sich jüngere Kinder selbst weniger vor Gefährdungen schützen oder gegen Angriffe wehren können (vgl. Destatis 2023)

6.1 Erste Phase: Verdacht der Kindeswohlgefährdung und Beginn der Fallarbeit

Unsere Analyse, wie auch die Fallarbeit im Jugendamt, beginnt mit der Verdachtsmeldung auf eine Kindeswohlgefährdung von der Kindertagesstätte, die Sophia Schön besucht. Bereits mit dem Bekanntwerden beginnt die Verdachtskonstruktion. Sie ist allerdings institutionell mit initiiert. Das legt u. a. der Kommentar zum SGB VIII nahe, wo es heißt: „Werden dem JA (Jugendamt) *Anhaltspunkte für eine Gefährdung* bekannt, hat es diese zunächst zu bewerten" (Meysen 2009, S. 109). Zur Dokumentation der Meldung wird eine Notiz in der Akte abgeheftet, die das Gespräch mit der Kita-Leiterin zusammenfasst. Und diese findet sich bereits im „*Aufnahmebogen bei Verdacht auf Kindeswohlgefährdung*". Dort heißt es: „*Nach dem WE [Wochenende] kam das Kind mit blau/rot unterlaufenen Hämatomen vom oberen Gesäßbereich bis runter zum re. Oberschenkel. Die Angaben der Mutter, das Kind sei von der Rutsche gefallen, passen aber nicht zum Bild der Verletzung*".[2]

Die zeitliche Markierung der Gefährdungssituation („*Nach dem WE [Wochenende]*") macht deutlich, dass die Kindeswohlgefährdung im Kontext der Verantwortungszuschreibung wahrgenommen und gedeutet wird. Am Wochenende sind die Eltern für die Betreuung und Versorgung ihrer Kinder verantwortlich und

---

[2] Die hier und im Weiteren zitierten Sequenzen gehen aus der Akte des zuständigen Jugendamts hervor.

nicht die Kindertagesstätte. Damit schließt die Leiterin der Kita aus, dass sich Sophia die Verletzung möglicherweise selbst im Kindergarten zugezogen hat. Aufschlussreich für die Verdachtskonstruktion sind zudem die wahrgenommenen Anzeichen einer Gewalttat. Der Bezirkssozialarbeiter protokolliert: *„Kam das Kind
mit blau/rot unterlaufenen Hämatomen vom oberen Gesäßbereich bis runter zum
re. Oberschenkel"*. Zwar können wir an dieser Stelle nicht klären, ob diese Beschreibung vom Kindergarten kommt oder der Sozialarbeiter diese Wortwahl aus
eigenem Dafürhalten trifft, jedenfalls gibt diese Passage als möglicher Hinweis auf
eine bereits geschehene Gewalttat Anlass zur Sorge. Denn hier ist nicht die Rede
von „blauen Flecken", die sich das Kind hätte beim Spielen zuziehen können, vielmehr weist der gewählte Ausdruck auf eine für Kinder untypische Verletzung hin.

Diese Interpretation deckt sich mit dem weiteren Eintrag: *„Die Angaben der
Mutter, das Kind sei von der Rutsche gefallen, passen nicht zum Bild der Verletzung"*. Die Erklärung der Mutter lässt sich nicht problemlos mit dem wahrgenommenen Symptomkomplex in Verbindung bringen. Die Kita-Leiterin bezweifelt
darum die Aussage der Mutter und schaltet im Sinne des Kinderschutzparagrafen
das Jugendamt ein. Der zuständige Sozialarbeiter muss weiter einschätzen, ob es
sich um „gewichtige Anhaltspunkte" für eine Kindeswohlgefährdung handelt und
welche Maßnahmen von Seiten des Jugendamts eingeleitet werden sollen. In der
Fallakte findet sich die eindeutige Feststellung: *„Verdacht auf Kindesmisshandlung"* – zu möglichen Hilfemaßnahmen: nichts. Der Sozialarbeiter bleibt so auf die
Frage „fixiert", ob und inwiefern sich die wahrgenommenen manifesten Symptome bei Sophia Schön zu einem „gewichtigen" Verdacht einer Kindesmisshandlung „verdichten" lassen.

Strukturlogisch kommen in Verdachtsmeldungen auch Distanzierungseffekte zu
alltäglichen Äußerungsformen zum Ausdruck. Die Melder liefern nicht einfach
„,nackte' Ereignisbeschreibungen […], sondern sind auch bemüht, für die in ihren
Beschreibungen eingewobenen Interpretationen stichhaltige Plausibilitäts- und
Wahrheitsnachweise zu erbringen" (Bergmann 1993, S. 287). Den Nachweis einer
ernst zu nehmenden Gefährdung liefert der Kindergarten dergestalt, dass bereits
erste Zweifel an der Glaubwürdigkeit der Mutter erhoben werden. Darüber hinaus
konkretisieren Kindergarten und Jugendamt die Gefährdung in Bezug auf die Symptome („Hämatome") und eine erste Einschätzung („Kindesmisshandlung").

Als nächstes steht der Sozialarbeiter vor der Aufgabe der Abklärung des Verdachts. Bei solchen Abklärungsverfahren ist zu berücksichtigen, dass mit dem jeweils gewählten Modus des Erstkontakts (Beratung im Jugendamt oder – an-
gemeldeter oder unangemeldeter – Hausbesuch) auch die Interaktion mit den
Klient*innen entweder als Kontrollbeziehung oder stärker als Hilfebeziehung gerahmt wird. Erfolgt eine Überprüfung der Situation nach einer Fremdmeldung, so

besteht die Gefahr, den betroffenen Familien frühzeitig mit einer „Haltung des Verdachts" zu begegnen. Hildenbrand (2010) schlägt deshalb vor, dieser Handlungslogik eine „Haltung der Anerkennung" gegenüberzustellen. Er betont aber auch, dass diese Handlungslogiken in der konkreten Fallarbeit sich nicht gegenseitig ausschließen, sondern in einem Verhältnis der wechselseitigen Bezogenheit stehen: „Im Rahmen einer Haltung der Anerkennung kann oder muss fallweise auch der Frage nachgegangen werden, ob und wie das Kindeswohl in der jeweiligen Familie gefährdet ist bzw. ob und wie die Rahmenbedingungen des Aufwachsens in der jeweiligen Familie ungünstig sind" (ebd., S. 22 f.). Bei Interventionen in unsicheren Situationen wie auch im Fall von Kindeswohlgefährdung tendieren Sozialarbeiter*innen aber allzu oft zu einem konfrontativen Umgang mit Familien.

Für den Fortgang der Fallgeschichte fragen wir daher nach dem Beziehungsaufbau zwischen Sozialarbeiter und der betroffenen Familie. Denn der Beziehungsaufbau ist ein wesentlicher Handlungsschritt in der Abklärungsphase einer Kindeswohlgefährdung. Des Weiteren fragen wir, ob der Sozialarbeiter offen bleibt für beide Folgeoptionen Kontrolle *und* Hilfe, sich also nicht vorschnell auf einen Interventionsplan festlegt.

Dafür, dass er die Seite des Kontrollhandelns betont, spricht das weitere Vorgehen am 7.5.2007. Denn an diesem Tag findet ein unangekündigtes Gespräch mit den Eltern in der Kindertagesstätte statt. Dessen Ziel ist es, Mutter und Lebenspartner, die das Kind abholen wollten, mit den Beobachtungen der Kindergärtnerin zu konfrontieren. Beide bestreiten in diesem Gespräch, Sophia Schön körperlichen Schaden zugefügt zu haben. Daraufhin veranlasst der Sozialarbeiter, dass das Kind am gleichen Tag fachärztlich untersucht wird. Eine erste Einschätzung des eingeschalteten Arztes (in einer Klinik des Wohnorts) hinsichtlich der Symptome ergibt laut Notiz in der Fallakte, dass die „Hämatome" nicht, wie von der Mutter und ihrem Lebenspartner angegeben, durch einen Sturz von einer Rutsche verursacht sein könnten. In dieser Situation wird zwischen Mutter, Jugendamt und Kindergarten die Vereinbarung getroffen, dass Sophia die darauffolgende Nacht bei der Leiterin des Kindergartens verbringt. Am nächsten Tag, dem 8.5.2007, soll Frau Schön ihr Kind aus dem Kindergarten abholen und sich gemeinsam mit Sophia beim Jugendamt vorstellen, um dort das weitere Vorgehen zu besprechen.

Die bisherige Vorgehensweise des Sozialarbeiters dokumentiert, dass es sich um eine „Notfallsituation" der Jugendhilfe handelt. Sie erfordert ein schnelles Entscheiden im Sinne der Gefahrenabwehr (Sophia übernachtet bei der Kita-Leiterin). Im nächsten Handlungsschritt müssten insbesondere die notwendigen Informationen eingeholt werden, um die Verdachtsmeldung auf ihre Stichhaltigkeit hin zu prüfen. Dabei fällt nun ins Auge, dass der Sozialarbeiter auch die nächsten Informationen nicht von den Betroffenen selbst einholt, sondern sich wiederholt an die

Kindertagesstätte wendet. Damit schiebt er aber auch den Handlungsschritt einer sozialpädagogischen Diagnose hinaus. Am 8.5.2007 teilt die Leiterin des Kindergartens dem Bezirkssozialarbeiter telefonisch mit, dass die Familie erst seit kurzer Zeit (vier Monate) im Landkreis lebt und dass Mutter und Kind schon früher „Gewaltspuren" gezeigt hätten. Bei den Mitarbeiterinnen des Kindergartens stünde der Lebenspartner der Mutter im Verdacht, das Kind misshandelt zu haben. In einer weiteren Aktennotiz heißt es entsprechend: *„Bereits letzte Woche hatte Sophia im Gesicht eine sichtbare Verletzung, sah aus wie ein Striemen, Fingerabdruck. (…) Mutter kam auch schon 1–2 mal mit blauem Auge. Haben den Verdacht, dass Vater* (d.i. der Lebensgefährte Ronny Schulze) *das Kind misshandelt – kennen ihn kaum."*

Daraufhin ruft der Bezirkssozialarbeiter beim vorher zuständigen Jugendamt im Nachbarkreis an. Eine Kollegin des dortigen Sozialen Dienstes teilt ihm mit, dass die Familie in Bezug auf eine Kindeswohlgefährdung nicht auffällig geworden war. Erwähnt wird in diesem Gespräch, dass sich Mirko Knopf und Melanie Schön im März 2006 anlässlich ihrer Trennung im Jugendamt beraten ließen. Es sollte eine Umgangsregelung zwischen den Eltern getroffen werden, die den leiblichen Vater auch nach der Trennung in die Erziehungsverantwortung mit einbezieht. Das bedeutet, dass das Jugendamt Melanie Schön als Ort einer Beratung und Hilfe bekannt ist – an sich eine gute Voraussetzung für tragfähige Kooperationsbeziehungen. Darüber hinaus wird dem Sozialarbeiter mitgeteilt, dass Herr Knopf und Frau Schön das gemeinsame Sorgerecht für Sophia haben. Und schließlich wird er darüber unterrichtet, dass Mirko Knopf im vorher zuständigen Jugendamt Kontakt zur Jugendgerichtshilfe hatte [*„Hr. Knopf aus JGH [Jugendgerichtshilfe] bekannt, kein Guter"*].

Diese Aussagen dürften den Handlungsdruck für das Jugendamt erhöhen. Denn der fallverantwortliche Sozialarbeiter hat es mit einer Familie zu tun, die bisher in seinem Jugendamt nicht bekannt war, was die Ungewissheit über den zu erwartenden Fallverlauf verschärft. Die Erwartungsunsicherheit dürfte durch Ronny Schulze weiter gesteigert worden sein, zu dem es in der Notiz nur heißt: *„kennen ihn kaum".* Auch die Information, dass der leibliche Vater von Sophia (Mirko Knopf) ebenfalls mit dem Gesetz in Konflikt geraten ist, verschließt der Akte zufolge eine nahe liegende Hilfeoption *im* Familiensystem. Anhand der wenigen Informationen zu beiden Lebensgefährten der Mutter kann man schließlich den Eindruck gewinnen, dass sich der „Fall Schön" am Rande des kriminellen Milieus abspielt. Das verschärft die Frage nach einer möglichen Kindeswohlgefährdung noch einmal. Allerdings handelt es sich bei den vom jetzt zuständigen Jugendamt gesammelten Informationen insofern um eine „weiche" Faktenlage, als sie lediglich negative Deutungen der Daten und Unterstellungen von „schlechten" Motiven zusammenfassen, aus denen auf die *Möglichkeit* neuer Kindeswohlgefährdungen geschlossen wird.

6.2 Zweite Phase: Die Initiative der ärztlichen Profession

Zwei Optionen für die Fallbearbeitung liegen an dieser Stelle nahe: Entweder wird die Familie auf der Grundlage der bereits erhobenen Informationen mit dem Verdacht bzw. den einschlägigen „Indizien" konfrontiert, was aber die Gefahr einer „abkürzenden" Hypothesenbildung bzw. „vorschnellen" Verdachtskonstruktion in sich birgt. Oder aber der Sozialarbeiter trägt das potenzielle Risiko möglicher weiterer Gefährdungen und hört sich zunächst einmal an, was Familie Schön selbst zum Vorwurf der Kindeswohlgefährdung zu sagen hat. Der Bezirkssozialarbeiter wählt einen dritten Weg: Noch *vor* dem vereinbarten Gespräch mit der Mutter verständigen sich die Fachkräfte des Sozialen Dienstes in der vom Gesetz geforderten Teamsitzung darauf, Sophia einem Facharzt in einer Kinderschutzambulanz (KSA) in der nächstgelegenen Großstadt vorzustellen.

In der entsprechenden Aktennotiz heißt es: *„Wir können Mutter schicken, jugendamtliche Begleitung nicht zwingend erforderlich. Danach weitere Entscheidung zur Verfahrensweise."* Zwar deutet die Entscheidung, die Mutter allein – also ohne Aufsicht – in die KSA „zu schicken", darauf hin, dass ihr ein hinreichendes Verantwortungsbewusstsein im Umgang mit ihrem Kind zugesprochen wird. Impliziert ist damit auch die Vorstellung einer generellen lebenspraktischen Autonomie – auch im Sinne einer Ressource für gelingende Erziehungshilfen. Allerdings machen die inhaltlichen Fehlstellen im Gesprächsprotokoll deutlich, dass weder ein sozialpädagogischer Anamneseprozess „vorgeschaltet" noch Szenarien für ein mögliches Hilfesetting „entwickelt" werden. Und das, so müssen wir vermuten, weil eben erst einmal die weitere fachärztliche Diagnose abgewartet werden soll.

Denn dies scheint der hauptsächliche Beweggrund für die Überweisung des Kindes an die KSA zu sein. Das körperliche Wohl erscheint nämlich nicht derart gefährdet, dass eine medizinische *Behandlung* notwendig wäre. Sonst dürfte Sophia nicht bei der Leiterin der Kindertagesstätte übernachten. Die Aktennotizen sprechen ebenfalls dafür, dass geprüft werden soll, inwiefern die Aussagen der Eltern einer ärztlichen Einschätzung der Gefährdungsmerkmale standhalten. Dann jedoch steht für das ärztliche Handeln nicht die medizinisch-therapeutische Behandlung des Kindes im Vordergrund, sondern die *Gutachterfunktion* für das Jugendamt. Diese Vermutung sehen wir auch dadurch gestützt, dass bereits zum zweiten Mal die Misshandlung von ärztlicher Seite eingeschätzt werden soll. Nach Aktenlage empfehlen die Klinikärzte am Wohnort dem Jugendamt die Überweisung zur Kinderschutzambulanz, um Restzweifel an ihrer Diagnose zu beseitigen.

Das nächste Aktenblatt protokolliert das Gespräch des Sozialarbeiters zur Abklärung des Sachverhalts mit der Mutter Melanie Schön vom selben Tag. Sie stellt sich, wie vereinbart, mit ihrem Kind beim Jugendamt vor. Inhalt des Gesprächs ist die Suche nach möglichen Antworten, wie es aus Sicht der Mutter zu den Verletzungen hatte kommen können, und die Absprache, dass sie im Anschluss an das Gespräch im Jugendamt ihr Kind zu einer weiteren Untersuchung in die Kinderschutzambulanz bringt. Ein mögliches indirektes Eingeständnis, dass ihr Lebenspartner dem Kind die Verletzungen zugefügt hat, findet sich in der Aussage: *„Ihr Freund sei immer lieb zu ihr gewesen, der Klapps auf den Hintern vom Wochenende sei das erste Mal passiert, denn Sophia habe wirklich nicht auf ihn gehört."* Am Ende des Gesprächs unterschreibt Melanie Schön eine Absichtserklärung, wonach sie Sophia vor weiteren Übergriffen schützen will, indem sie Ronny Schulze vorerst nicht gestattet, ihr Kind zu sehen. Ronny Schulze zieht daraufhin aus der gemeinsamen Wohnung aus. Über seinen weiteren Aufenthalt bis zum Abschluss des Falls können wir keine Angaben machen.

Der Bezirkssozialarbeiter vermerkt dazu: *„Eigener Eindruck: Die Mutter wirkt zuverlässig und mitwirkungsbereit"*. Dass an dieser Stelle der Unterstützungsaspekt und nicht der Kontrollaspekt der Jugendhilfe mehr in den Vordergrund rückt, zeigt auch die folgende Protokollnotiz: *„Der Frau Schön wurde wiederholt Hilfe angeboten, falls sie sich überfordert fühlen sollte."* Dies stellt allerdings auch den korrekten Vollzug des Gesetzes dar. Denn in § 8a (1) SGB VIII wird entsprechend ausgeführt: *„Hält das Jugendamt zur Abwendung der Gefährdung die Gewährung von Hilfen für geeignet und notwendig, so hat es diese den Personensorgeberechtigten oder den Erziehungsberechtigten anzubieten".*[3] Zwar wird der Fall für einen über das weitere Vorgehen entscheidenden diagnostischen Befund an die ärztliche Profession überwiesen, jedoch vermeidet es der Sozialarbeiter bisher, aus den ersten, eher impliziten Verdachtskonstruktionen eine explizite „Anschuldigungskommunikation" abzuleiten. Dies zeigt sich auch in der Gesprächsnotiz: *„Der Mutter wurde wiederholt erklärt, dass es nicht Aufgabe des JA [Jugendamts] sei, Schuld oder Unschuld nachzuweisen, aber der Auftrag sei, Kinder vor weiteren Übergriffen zu schützen."* Unsere These lautet an dieser Stelle: Solange bei der Fallbearbeitung des Jugendamts der Hilfegedanke noch mit „im Raum steht", gelingt es der Sozialarbeit, Grenzen zu „überlappenden" Zuständigkeitsfeldern anderer Professionen und Institutionen zu ziehen.

---

[3] Vgl. Meysen 2009, S. 113: „Aus Sicht des Sozialleistungsrechts handelt es sich um eine Konkretisierung der allgemeinen Aufklärungs- und Beratungspflicht der Leistungserbringer nach §§ 13, 14 SGB I (…). Verfassungsrechtlich ist sie Ausdruck des Verhältnismäßigkeitsgrundsatzes. Kann einer Kindeswohlgefährdung mit der (freiwilligen) Inanspruchnahme öffentlicher Hilfen begegnet werden, so hat dies Vorrang vor Eingriffen in das Elternrecht."

Die mögliche Offenheit des Sozialarbeiters, im Fall Schön – eventuell durch die Kooperationsbereitschaft der Mutter motiviert – fachliche Risiken einzugehen und eine entsprechende Verantwortung zu übernehmen, schwindet jedoch schon am nächsten Tag. Denn am 9.5.2007 teilt der Leiter der KSA dem Jugendamt in einer schriftlichen Stellungnahme mit, dass es sich bei den Symptomen nach ärztlicher Einschätzung, jedenfalls teilweise, um Spuren einer Kindesmisshandlung handele. Hierzu folgender Aktenauszug: *„Im Rahmen der rechtsmedizinischen Vorstellung am 9.5.2007 wurden die Verletzungen im Bereich des linken Gesäßes als streifenförmig und sicher im Rahmen einer Kindesmisshandlung durch die Kollegin der Rechtsmedizin, Frau Dr. [Name] zugeordnet. Hingegen können die Hämatome im Bereich des rechten Gesäßes und des rechten Oberschenkels nicht eindeutig als eine Kindesmisshandlung angesehen werden, aber eine solche Verletzungsätiologie ist auch nicht auszuschließen. Ferner ist interessant, dass bereits am Abend des Aufnahmetages das Mädchen mehrfach unaufgefordert unserem Personal gegenüber (Schwester [Name] sowie der Küchenhilfe gegenüber) geäußert hat, dass ihr neuer Papa, Ronny selbiges verursacht hat.“* Aufgrund dieser Einschätzung des Tatbestands und der *„fehlenden Einsichtsfähigkeit der Kindesmutter“* erstattet der Leiter der KSA *„auf eigene Verantwortung“* Anzeige wegen Kindesmisshandlung bei der Kriminalpolizei. Aus „Sicherheitsgründen“ soll Sophia für die Dauer des Ermittlungsverfahrens in der KSA verbleiben bzw. dort stationär aufgenommen werden.

Die Vorgehensweise der KSA dokumentiert einen „Sonderstatus“ im Verfahrensablauf. Den Rechtsmediziner*innen werden nicht nur von Seiten der Sozialarbeiter*innen diagnostische Kompetenzen zugesprochen, ihnen wird auch zugestanden, sich entscheidend in den Fallverlauf „einzumischen“. In der Professionstheorie sind das ernst zu nehmende Hinweise auf die Verschiebung von Zuständigkeitsgrenzen zwischen Professionen und die Herausbildung neuer Professionssegmente, die sich im Wesentlichen durch Sonderaufträge herausbilden und damit neue fachliche Spezialgebiete konstituieren.[4]

Wir fragen aber auch nach den Handlungsoptionen, die eine solche Weichenstellung der KSA für die Jugendhilfe eröffnet. Denn „positiv gewendet“ bestünde die Chance für das Jugendamt darin, den Hilfeaspekt der Sozialarbeit gegenüber

---

[4] In der Selbstbeschreibung der Kinderschutzambulanz heißt es dazu: „Der Rechtsmedizin kommt […] vor allem eine Vermittlerrolle zwischen den Bereichen der Erst- oder Verdachtsdiagnose, also z. B. den klinisch beziehungsweise in der Praxis tätigen Ärzten sowie den Organen der konsekutiv zuständigen Behörden, namentlich der Jugendämter, der Kriminalpolizei sowie den Vertretern der Justiz (vor allem Staatsanwaltschaft und Richter am Familiengericht) zu“ (Klotzbach 2009, S. 659).

Frau Schön hervorzuheben, sich gewissermaßen den „Zugang" zur Familie zu sichern und damit auch die Voraussetzung für ein Arbeitsbündnis zu verbessern. Im Rahmen eines arbeitsteiligen Vorgehens übernähmen KSA und Polizei die Kontrollaufgaben im weiteren Ermittlungsverfahren.

Zunächst aber spitzt sich das Geschehen mit der Entscheidung der KSA, den Fall Schön auf seine strafrechtlichen Konsequenzen hin prüfen zu lassen, zu. Die Polizei leitet am 9.5.2007 gemäß § 225 StGB (Misshandlung von Schutzbefohlenen) ein Ermittlungsverfahren ein. Die erste Vernehmung am gleichen Tag ergibt, dass eine Tatschuld von Melanie Schön ausgeschlossen werden könne – so eine Aktennotiz, die ein Gespräch zwischen Sozialarbeiter und Polizei dokumentiert. Nicht unwesentlich für den weiteren Fallverlauf ist aber, dass Melanie Schön am 10.5.2007 als Reaktion auf das Strafermittlungsverfahren gegen sie einen Rechtsanwalt einschaltet, der sich umgehend auch an das Jugendamt wendet.

In seinem in der Fallakte abgehefteten Schreiben vom selben Tag an das Jugendamt heißt es unter anderem: *„Bereits in einer schriftlichen Erklärung vom 08.05.2007 hat meine Mandantin ihnen gegenüber erklärt, dass sie ihr Kind vor dritten Personen schützen wird, von denen nach dem jetzigen Stand der Ermittlung mutmaßlich eine Kindeswohlgefährdung ausgehen könnte. Die vernehmenden Polizeibeamten haben in Gegenwart des Unterzeichners gegenüber meiner Mandantin erklärt, dass zu keinem Zeitpunkt ein Tatverdacht gegenüber meiner Mandantin bestanden hat. (…) Im Hinblick auf die vorgemachten Ausführungen ist der weitere Verbleib des Kindes in der Kinderschutzambulanz weder aus Gründen der Personensorge, noch aus medizinischen Gründen angezeigt. Namens und im Auftrag meiner Mandantin fordere ich Sie hiermit auf, gegenüber der Kinderschutzambulanz zu erklären, dass meine Mandantin ihre Tochter Sophia Schön aus der Kinderschutzambulanz noch am heutigen Tage abholen kann."* Das bedeutet: Mit der Reaktion des Rechtsanwalts auf das Vorgehen der Kinderschutzambulanz verändern sich nachhaltig die Vorzeichen der Fallbearbeitung für die Sozialarbeit. Die Kommunikation zwischen Frau Schön und dem Jugendamt vollzieht sich nicht länger im auf Verständigung beruhenden Modus kommunikativen Handelns. Indem Frau Schön ihr Recht verteidigt, orientiert sie sich jetzt am Modus strategischen Handelns. Das verschlechtert die Chancen für eine auch nur nachholende psychosoziale Diagnose und mögliche Hilfeplanung entscheidend.

An den zuletzt protokollierten Handlungsschritten ist auch abzulesen, dass der Sozialarbeit der Fall weitgehend „aus der Hand genommen wird". Der Rechtsanwalt von Melanie Schön sieht die KSA und das Jugendamt als „feindliche" Verbündete in Sachen eines einseitigen Kontrollhandelns. Will die Sozialarbeit, wie es das Gesetz vorsieht, „Herr des Verfahrens" bleiben, müsste der Bezirkssozialarbeiter gegenüber ihrem Rechtsanwalt die sowohl fachlichen wie rechtlichen Zuständigkeitsgrenzen zwischen Strafermittlung und Jugendhilfetätigkeit „markieren". Was zur Bedingung hätte, sich nicht von der ärztlichen Profession die Diagnose und die anschließenden Kontrollhandlungen „diktieren" zu lassen.

Betrachten wir den Fall allgemeiner hinsichtlich der Frage nach der Konstitution einer Klient*innenbeziehung im Zwangskontext, so fällt auf, dass sich Melanie Schön anfänglich selbst vor dem Hintergrund der schwerwiegenden Anschuldigung einer Kindesmisshandlung äußerst kooperativ zeigte. So stimmte sie am 7.5. der „Fremdunterbringung" bei der Kita-Leiterin zu und ließ ihr Kind ärztlich untersuchen, kam am 8.5. zum Abklärungsgespräch ins Jugendamt und schreckte auch nicht vor einer weiteren Begutachtung der Symptome ihrer Tochter durch Fachärzte in der Kinderschutzambulanz zurück.

Mit welchem Interventionsduktus aber reagiert das Jugendamt auf diese Ausgangslage? Es fallen u. E. insbesondere die „Absicherungsmaßnahmen" ins Auge. (1) Wenn im Erstgespräch Hilfeangebote i.S. eines Dienstleistungskatalogs offeriert werden, ohne die Notwendigkeit und Geeignetheit der potenziellen Hilfe für den konkreten Fall zu spezifizieren, dann entspricht das „Hilfeangebot" lediglich einer „Als-ob-Strategie" und erfüllt den Tatbestand einer bloßen formalrechtlichen Gesetzesanwendung. (2) Die manifeste Kooperationsbereitschaft der Klientin wird in dem Maße „ausgenutzt", wie es in der Fallbearbeitung zu keiner wirklichen Verantwortungsübernahme durch die Sozialarbeit kommt; und ohne eine hinreichend stabile Klient*innenbeziehung kann sich kein sozialpädagogisches Arbeitsbündnis konstituieren. (3) Wenn an die Stelle einer eigenen pädagogischen Diagnose eine Überweisung an die Fachärzt*innen erfolgt und an die Stelle einer Hilfemaßnahme für die Familie eine „Fremdunterbringung" in der KSA tritt, dann „gibt" die Sozialarbeit das Kindeswohlverfahren „aus der Hand". (4) Damit wird ein wesentlicher Arbeitsschritt aus dem Kernbereich einer jeglichen professionellen Tätigkeit – und das ist nach Abbott die Inferenz bzw. in unserem Fall die sozialpädagogische Diagnose mit der daraus folgenden Wahl der geeigneten und notwendigen Maßnahmen – von der Sozialarbeit an die Ärzteschaft „abgegeben", welche die Fallproblematik im Sinne ihrer professionellen Kategorien redefiniert und auch die anschließende Weichenstellung des Falls (Strafverfolgung) maßgeblich beeinflusst.

6.3 Dritte Phase: Die ausschlaggebende Bedeutung der juristischen Profession

Wie geht es in der Fallgeschichte weiter? Am 14.5.2007 erreicht Frau Schön eine Antwort des Jugendamts auf das Schreiben ihres Rechtsanwalts vom 10.5., in dem ihr mitgeteilt wird, dass eine Entlassung Sophias aus der Klinik zu ihr nach Hause nicht möglich sei. Zur Begründung heißt es: *„Denn werden dem Jugendamt gewichtige Anhaltspunkte einer Gefährdung bekannt, so hat es das Gefährdungsrisiko im Zusammenwirken mehrerer Fachkräfte abzuschätzen. Das Jugendamt kann nach dem heutigen Stand der Ermittlungen nicht erkennen, dass Ihre Mandantin ihr Kind wirklich umfassend schützen wird. Die beteiligten Fachkräfte vermissen eine dem Sachverhalt entsprechende Einsichtsfähigkeit der Mutter, die ein konsequentes Fernhalten des Kindes vom Beschuldigten fordern, worauf die Mutter des Kindes aber nur in ungenügendem Maße einging, sodass die beteiligten Fachkräfte von einer weiteren Gefährdungssituation ausgehen müssen, wenn das Kind in die Obhut der Mutter entlassen werden würde.“* Das Antwortschreiben entspricht erstens der Formulierung, die das Gesetz im § 8a SGB VIII „vorgibt", ohne jedoch sowohl auf der inhaltlichen Ebene der Fallspezifik als auch in Bezug auf die geforderte professionelle Verantwortung konkret zu werden. Und zum zweiten referiert und wiederholt der fallverantwortliche Sozialarbeiter im Wesentlichen die Aussagen des Leiters der KSA in seinem Schreiben vom 9.5.

Ebenfalls am 14.5.2007 informiert der fallverantwortliche Sozialarbeiter die Fachdienstleiterin des Allgemeinen Sozialen Dienstes darüber, dass er eine Inobhutnahme für den 15.5.2007 plant. Das Kind soll in der Kinderschutzambulanz in Obhut genommen und bis zur weiteren Entscheidung in einer Bereitschaftspflegestelle untergebracht werden. Nach Zustimmung der Leitung zu seinem Vorgehen fragt der Sozialarbeiter beim zuständigen Fachdienst im Jugendamt nach, welche Möglichkeiten einer Unterbringung bei einer Pflegefamilie im Landkreis bestehen. Darüber hinaus erfolgt die Anrufung des Familiengerichts. Zum einen informiert der Sozialarbeiter den zuständigen Familienrichter über die geplante Inobhutnahme und zum zweiten stellt er einen Antrag auf Sorgerechtsentzug. Das Schreiben des Rechtsanwalts vom 10.5. wird als Verweigerung der gesetzlich geforderten Mitwirkungsbereitschaft Melanie Schöns ausgelegt. Den Antrag auf Entzug der elterlichen Sorge allerdings zu stellen, ohne vorher andere, weniger invasive Interventionsmöglichkeiten zu „testen" und ohne die Kooperationsbereitschaft der Mutter noch einmal selbst überprüft zu haben, spricht für eine Vorgehensweise, die gewissermaßen das Pendant auf Seiten des Jugendamts zur strafrechtlichen Verfolgung des Falls durch Staatsanwaltschaft und Polizei darstellt.

Beim Antrag des Jugendamts ist vor allem die Begründung für den Sorgerechtsentzug aufschlussreich. Im Schreiben an das Gericht heißt es nämlich: *„Das Jugendamt kann nach dem heutigen Stand der Dinge nicht einschätzen, ob die Mutter ihr Kind wirklich umfassend schützen kann, (…) Deshalb ist eine Entscheidung des Gerichtes zur Gewährleistung des Wohls des Kindes und dem Schutz des Kindes vor weiteren Gefahren erforderlich.“* Für den Sozialarbeiter bildet also das Nicht-Wissen und die damit verbundene Ungewissheit über die zukünftige Ent-

wicklung des Falls die Grundlage seines Antrags. Der professionelle Handlungsschritt einer Transformation von Ungewissheit in eine professionelle Prognose
über den möglichen Fallverlauf, die auf einer eigenen fachlichen Diagnose beruht,
findet im Fall Schön durch die Sozialarbeit nicht statt. Vielmehr wird aus dem in
der KSA wahrgenommenen Symptomkomplex ein Bedrohungsszenario abgeleitet,
das – entgegen den ersten persönlichen Eindrücken des Sozialarbeiters – nunmehr
„für sich selbst steht" und ein einseitiges Kontrollhandeln des Jugendamts erforderlich machen soll. Der Sozialarbeit gelingt es damit auch nicht, ihren Zuständigkeitsanspruch bzw. ihre fachlichen Kompetenzen in angemessener Weise nach
„außen" zu kommunizieren und darzustellen.

Was passiert vor Gericht? Am 15.5.2007 gibt das Familiengericht seine Entscheidung über den Sorgerechtsentzug bekannt. Der Familienrichter lehnt den Antrag auf Entzug der elterlichen Sorge ab und belässt es bei der Auflage an Frau
Schön, sie habe „*dafür zu sorgen, dass das misshandelte Kind nicht allein Umgang
zum Partner pflegt.*" Dem Jugendamt wird vom Gericht die Aufgabe übertragen,
diese „Umgangsregelung" zu kontrollieren: „*Auflagen an KM [Kindsmutter], Kontrolle JA [Jugendamt]*". Der Antrag des Jugendamts wird also trotz Unterstützung
durch das Gutachten der KSA abgelehnt. Im nächsten Aktenblatt begründet der
Familienrichter seine Entscheidung. Hier heißt es: „*Aufgrund des gegebenen Sachverhalts, der zum Zeitpunkt der Verhandlung bekannt war, konnte kein anderer Be-
schluss als der Auflagenerteilung und Rückgabe des Kindes an die Mutter erfolgen.
FamG sei kein Strafgericht, muss Schuld oder Unschuld nicht prüfen. (…) Es war
keine Gefahr sichtbar, auf deren Grundlage ein Sorgerechtsentzug gerechtfertigt
gewesen sei*". Das Familiengericht folgt somit weder einer Logik von Bestrafung
noch einer Logik des Verdachts, aus der die stationäre Unterbringung des ge-
fährdeten Kinds in einer Pflegefamilie folgen müsste.

Für das Familiengericht stehen die Elternrechte (gemäß Art. 6 GG) bei der Bewertung des geschilderten Tatbestands im Vordergrund. Betrachtet man die objektive Bedeutung des Geschehens, so macht der Richter mit seinem Urteil deutlich,
dass die juristische Profession in den Fällen von Kindeswohlgefährdung und
Sorgerecht „das letzte Wort" hat. Jugendamt und Kinderschutzambulanz bzw. die
Professionen der Ärzt*innen und Sozialarbeiter*innen sind Antragsteller, die ihr
Anliegen sehr plausibel und überzeugend vortragen müssen, ehe ein Gericht bereit
ist, in ein Grundrecht einzugreifen. Denn anders kann der Satz aus der Urteilsbe-
gründung: „*Es war keine Gefahr sichtbar, auf deren Grundlage ein Sorgerechtsentzug gerechtfertigt gewesen sei*", nicht interpretiert werden. Die Argumentation im
Urteil entspricht darüber hinaus teilweise eher einer sozialpädagogischen als einer
nur juristischen Handlungslogik, da sie nicht von einer einzelnen, ärztlich konsta-
tierten Verletzung ausgehend auf ein allgemeines Erziehungsverhalten schließt.

Die bloße Tatsache oder der Verdacht einer einzelnen Misshandlung ist für das Familiengericht nicht ausreichend. Es weist der Sache nach die Sozialarbeit ziemlich deutlich auf ihre professionelle Aufgabe der Unterstützung bei Erziehungskrisen in der Spannung von Hilfe und Kontrolle hin.

Was sind die Konsequenzen des Richterspruchs für das Jugendamt? Zuerst muss es die Strategie, das Kind schnellstmöglich in einer Pflegefamilie sicher unterzubringen, korrigieren. Es müsste also spätestens jetzt der „Kurzschluss" zwischen ärztlichem Gutachten und der daraus von der Sozialarbeit abgeleiteten Form der Gefahrenabwehr aufgelöst und die Handlungsoptionen um die nötige Schlussfolgerung (Inferenz) aus der psychosozialen Diagnose des sozialisatorischen Milieus erweitert werden. Denn das Urteil stellt auch fest, dass die Kindeswohlgefährdung im Fall Schön nicht allein mit ärztlichem Wissen „zu behandeln" ist. Das Gericht eröffnet mit seiner Entscheidung der Sozialarbeit weiter die Möglichkeit, einen „neuen Anlauf" zu unternehmen, mit Familie Schön nach alternativen Lösungswegen zu suchen – freilich unter dem negativen Vorzeichen, dass nun die Kooperationsbeziehung bereits nachhaltig gestört sein dürfte. Melanie Schön für ein sozialpädagogisches Arbeitsbündnis und weitere Maßnahmen der Erziehungshilfen zu gewinnen, wird schwieriger geworden sein. Möglich wäre aber auch, dass sich das Jugendamt in seinem weiteren Vorgehen auf die Logik des Verdachts versteift und versucht, zur Absicherung gegen die (rechtlichen) Folgen einer weiteren Kindeswohlgefährdung im Umfeld der Familie ein „Kontrollsystem" zu errichten.

Vorerst läuft aber das strafrechtliche Verfahren im Rahmen eines anderen Kontrollsystems weiter. Am 18.5.2007 vernimmt die Kriminalpolizei Melanie Schön und ihren Lebenspartner Ronny Schulze erneut (die erste Vernehmung am 9.5. hatte ja keinen Tatverdacht hinsichtlich der Mutter ergeben). Eine Notiz in der Jugendamtsakte dokumentiert, dass die Polizeibeamt*innen nach dieser Vernehmung nicht mehr die Möglichkeit ausschließen, Melanie Schön selbst habe ihr Kind verletzt. Denn nun beschuldigt Ronny Schulze seine Partnerin und Mutter von Sophia der Misshandlung. Der Bezirkssozialarbeiter meldet sich daraufhin beim Leiter der KSA und teilt diesem mit: *„Der Stiefvater beschuldigte die Mutter des Kindes, dass sie dem Kind die Schläge zugefügt haben könnte: Und das Kind ist bei der Mutter!!! Die Situation gestaltet sich, bezogen auf das Kind, nicht zufrieden stellend. Gericht maß dem ärztlichen Gutachten offensichtlich nicht die gebotene Wertung bei."*

Dann wendet er sich erneut an das Familiengericht und erbittet vor dem Hintergrund der neuen Ermittlungsergebnisse eine Prüfung von weiteren Auflagen gegenüber der Mutter, die *„durchführbar und protokollierbar sind"*. Als „Maßnahmenkatalog" schlägt er dem Richter vor, dass die Kindertagesstätte über den regelmäßigen Besuch von Sophia Auskunft gibt, und zum anderen will er sich bemühen, eine Familienhelferin (gem. § 31 SGB VIII) in der Familie „zu installieren". Nach dem bisherigen Fallverlauf müssen wir davon ausgehen, dass das Jugendamt versuchen wird, die Familienhelferin mit einem „Kontrollauftrag" zu versehen. Dieser zu vermutende Sachverhalt und die ebenfalls wahrscheinliche Tatsache, dass die Familie den Antrag auf Familienhilfe nur „unter Druck" stellen würde, wären denkbar ungünstige Ausgangs- und Rahmenbedingungen für eine Erziehungs*hilfe*.

Betrachten wir die Arbeit des Jugendamtsmitarbeiters im Fall Schön bis zu dieser Stelle aus professionssoziologischer Sicht, so erkennen wir folgende Problemstellen. Zuerst hat der Bezirkssozialarbeiter die Initiative in der Fallbearbeitung ohne erkennbaren Widerspruch abgegeben. Ein wichtiger Grund dafür war, dass er keine eigene Diagnose vornahm und deshalb zu keiner autonomen Fallsicht auf der Grundlage eigener professioneller Standards gelangte. Die anschließenden „Kurzschlusshandlungen" des Sozialarbeiters, die auf externen Begutachtungen und Ermittlungsergebnisse reagieren, machen deutlich, dass ohne eine professionseigene, in Handlungsroutinen eingebettete, fachliche Diagnose im Feld des Kinderschutzes für die Sozialarbeit die Gefahr besteht, einem professionell heteronomen und subjektiv affektgesteuerten Absicherungsbestreben anheim zu fallen.

6.4 Der letzte Akt: Der Strafprozess, sein Ausgang und die Konsequenzen

Wir kürzen an dieser Stelle die Fallgeschichte ab und fragen noch, wie der Fall Schön für das Jugendamt endet. Sophia kehrt im Anschluss an das Urteil des Familiengerichts in den Haushalt der Mutter zurück. In einem Telefonat am 24.5.2007 teilt die Leiterin der Kindertagesstätte dem Jugendamt mit, dass Sophia nach der Zurückführung nicht in der Kindertagesstätte erschien. Daraufhin findet am 25.5.2007 der erste Hausbesuch bei Familie Schön durch den fallverantwortlichen Sozialarbeiter und eine Mitarbeiterin der Kindertagesstätte statt. Melanie Schön ist nicht zu Hause. Vor der Wohnung treffen sie den Lebensgefährten von Frau Schön an. Ihm wird mitgeteilt, dass Sophia den Kindergarten täglich zu besuchen hat, ansonsten würde das Jugendamt das Gericht über die Nichteinhaltung der Auflagen informieren. Am selben Tag meldet sich Melanie Schön telefonisch beim Bezirkssozialarbeiter, um mitzuteilen, dass Sophia ab dem Folgetag wieder die Einrichtung besuchen wird.

Am 5.6.2007 wendet sich Melanie Schön jedoch über ihren Rechtsanwalt abermals an das Jugendamt. Ihr Rechtsanwalt teilt diesem in seinem Schreiben mit, dass Frau Schön keine Familienhelferin benötige und auch die Aufforderung, Sophia regelmäßig im Kindergarten vorzustellen, einen unrechtmäßigen Eingriff in

das Erziehungsrecht der Mutter darstelle. Am 22.8.2007 erhält der Bezirkssozialarbeiter von der Staatsanwaltschaft die Anklageschrift gegen Ronny Schulze. Der
Verhandlungstermin ist der 13.2.2008. Zur Begründung heißt es in der Anklageschrift, Herr Schulze habe vermutlich mit einem Gegenstand die Verletzungen von
Sophia verursacht, sodass das Kind stationär im Krankenhaus aufgenommen werden musste. Im Strafprozess kann dem Angeklagten mangels Beweise keine Tatschuld nachgewiesen werden. Es steht Aussage gegen Aussage. Damit bleibt unklar, wer das Kind geschlagen hat. Nach Abschluss des Gerichtsverfahrens wird
die durch das Familiengericht getroffene restriktive Umgangsregelung aufgehoben.
Ronny Schulze zieht im Februar 2008 wieder zu Melanie Schön und ihrer Tochter
Sophia. Damit endet die Fallbearbeitung durch das Jugendamt.

Maßgeblich für den Ausgang des Falls Schön ist die Intervention des Rechtsanwalts der Mutter gegen den Versuch des Jugendamts, ein „Kontrollsystem" mit
entsprechenden Maßnahmen zu errichten. So heißt es in einem abschließenden
Schreiben an das Jugendamt unter anderem: *„Die Kindesmutter benötigt weder
eine sozialpädagogische Familienhelferin, noch ist die Auflage, dass das Kind den
Kindergarten regelmäßig zu besuchen hat, angezeigt, da durch eine solche Maßnahme in unrechtmäßiger Weise in das Erziehungsrecht der Kindesmutter eingegriffen wird."* Mit dem in diesem Schreiben dokumentierten „Distanzbedürfnis"
von Frau Schön gegenüber dem Jugendamt wird deutlich, dass sie auch keine weitere Beratung vom Jugendamt mehr wünscht. Von der zu Beginn der Fallarbeit gegebenen Kooperationsbereitschaft Melanie Schöns ist nichts mehr zu sehen. Das
Verhältnis der Familie zum Jugendamt endet eher in einer „Konfrontations-
beziehung". Nicht unwesentlich trägt dazu die „Unterordnung" der Sozialarbeit
unter die ärztliche Profession bei. Diesen „Fehler" benennt der Rechtsanwalt in
seinem Schreiben ebenfalls: *„Die ärztliche Problemsicht ist für den vorliegenden
Fall nicht maßgebend."* Ihm fehlt auch die für eine professionelle Handlungspraxis
wichtige „Markierung" eines eigenständigen Zuständigkeitsbereichs der Sozialarbeit sowie das Sichtbarmachen der adäquaten Lösungskompetenz.

Konkret heißt das für den Fall Schön, dass sich die geplanten Kontrollmaßnahmen an externen Kriterien orientieren, ohne dass diese inhaltlich und fallspezi-
fisch mit fachlichen, sozialpädagogischen Schlussfolgerungen begründet werden.
Zu einer ähnlichen, wenngleich wesentlich drastischer formulierten Bewertung
kommt auch der Rechtsanwalt Melanie Schöns: *„Abschließend kann nur nochma-
lig betont werden, dass der vom Jugendamt dargestellte Sachverhalt nahezu einer
angewandten Vorurteilsfindung gleichkommt."* Der objektiven Bedeutung nach
richtet sich die Kritik am Vorgehen des Jugendamts darauf, dass die Intervention
weitgehend am Einzelfall vorbei geschieht, und an die Stelle fallangemessenen

Handelns die schnelle Übernahme eines anfänglich „gut gemeinten" Verdachts von dritter Seite tritt.

6.5   Abschließende Fallbetrachtung

Wir fassen die wichtigsten Einsichten unserer Fallstudie sowie einige Schluss-folgerungen zur Situation des Kinderschutzes, zum Status und Selbstverständnis der Sozialen Arbeit im System der Professionen zusammen. Wir beginnen mit einem Hinweis auf die Veränderungen der rahmenden gesellschaftlichen Verhält-nisse: Mit sozialem Wandel ändern sich immer wieder auch die zu bewältigenden Herausforderungen für Professionen. Professionalisierte Berufe geben deshalb „ein seismographisches Spiegelbild der kulturellen, sozialen und technologischen Veränderungen der Gesamtgesellschaft und ihrer Teilbereiche" (Schütze 1996, S. 196) ab. Der eminente Bedeutungszuwachs des Kinderschutzes in der Sozialge-setzgebung, im Aufgabenprofil der Träger der Jugendhilfe und in der Aufmerksam-keit benachbarter Professionen im letzten Jahrzehnt verweist naheliegenderweise auf die Rolle des Kindes für die weitere Entwicklung der gesellschaftlichen Wohl-fahrt in Deutschland: Je knapper und kollektiv wertvoller das „soziale Gut" Kind wird, desto mehr muss es geschützt werden.

Mit dem sozialen Wandel ändern sich typischerweise auch die interne und ex-terne Struktur der professionellen Arbeitsteilung. Einzelne Professionen können sich möglicherweise nicht hinreichend oder hinreichend schnell an gesellschaft-liche Veränderungen und die damit verbundene Spezifizierung ihres Aufgaben-profils anpassen. Die aktuelle Kinderschutzdebatte und die damit verbundenen professionellen Herausforderungen für die Jugendhilfe stellen in unseren Augen ein aufschlussreiches Beispiel für solche Anpassungsprobleme dar. Die Spezifizie-rung der Schutzaufgaben der Sozialarbeit in öffentlicher Trägerschaft, der zu einer innerprofessionellen und institutionellen Antwortstrategie herausfordert, erfolgt hier durch den neuen Kinderschutzparagrafen im Sozialgesetzbuch (siehe Abschn. 2.1). Der Gesetzgeber überträgt dem Jugendamt bei einer Kindeswohl-gefährdung die formale Zuständigkeit und damit die Verantwortung. Der ver-änderte Umgang mit Fällen von Kindeswohlgefährdung stellt einen „Prüfstein" für die Professionalität der Sozialen Arbeit unter verschärftem Handlungs- und profes-sionellem Konkurrenzdruck dar. Der Fall Schön zeigt, wie schwer sich neben der Profession Sozialer Arbeit auch die Institution Jugendamt mit Situationen und Fall-konfigurationen im Feld des Kinderschutzes tut. Denn es handelt sich bei einer Kindeswohlgefährdung um Fälle, deren Bearbeitung sich hinsichtlich der Situationsklärung durch ein hohes Ungewissheits- und hinsichtlich des Ausgangs durch ein hohes Unsicherheitspotenzial auszeichnet. Deshalb sind sie geradezu prädestiniert, Krisen im jeweils zuständigen Handlungssystem zu erzeugen. Der Fallakte lässt sich entnehmen, dass eine die eigene Professionalität zur Geltung bringende und die spezifische Lösungskompetenz sichtbar machende „Routine" der Krisenbewältigung bei einer „gemeldeten" Kindeswohlgefährdung im Jugendamt bzw. in der Bezirkssozialarbeit nur rudimentär erkennbar ist. Und diese Ansätze sind – wie die schnelle Einberufung des Fachteams im Sozialen Dienst – eher dem korrekten Gesetzesvollzug geschuldet denn fachlichen Standards professioneller Jugendamtspraxis. Schon von daher zeigt die Fallbearbeitung starke Züge einer sowohl gegen mögliche „Fehlschläge" der Hilfeangebote als auch Ermittlungsergebnisse von Polizei und Staatsanwaltschaft Schutz suchende „Absicherungsstrategie". Aber nicht nur der Versuch „zu helfen" bleibt ohne Nachdruck, trotz eindeutiger Gesetzeslage wird auch das Ansinnen deutlich, Verantwortung – u. a. für das verfahrensrelevante Feststellen einer Kindeswohlgefährdung – zu „delegieren". An dieser Stelle wird bereits die Spannung von formaler Zuständigkeit einer subordinierten Profession und dem Ins-Spiel-kommen bzw. Ins-Spiel-gebracht-werden statushöherer und mit weiterreichenden Befugnissen ausgestatteter Professionen sichtbar (denen sich der Sozialarbeiter in der Fallbearbeitung größtenteils unterordnet).

Aus der Spannung von formaler Zuständigkeit und Verlust der Herrschaft über das Verfahren resultiert handlungstheoretisch gesehen eine „institutionelle Rolleninkonsistenz" der Sozialarbeit und des Weiteren in der faktischen Fallarbeit ein „Freiraum" für das Eingreifen der „alten" Professionen, deren Vertreter es in der professionellen Kooperation gewohnt und die selbstbewusst genug sind, auch in riskanten Situationen zu entscheiden und Verantwortung zu tragen. Die Weichenstellungen im Interventionsverlauf übernehmen aus diesem Grund die Ärzt*innen, Rechtsanwält*innen und Richter*innen. Zu einer auf eigener fachlicher Diagnose beruhenden Inferenz und Behandlung durch die Sozialarbeit kommt es nicht. Die begutachtende Kinderschutzambulanz übergeht gewissermaßen das eigentlich das Kindeswohl definierende und das Verfahren tragende Jugendamt und stellt von sich aus die Strafanzeige gegen die Eltern. Das Jugendamt folgt reagierend der „ambulanten" Verdachtskonstruktion mit (formal z. T. rechtswidrigen) Kontrollmaßnahmen, statt zu versuchen, aus Klient*innenfamilie, „kontrollierender" Kindermedizin und „helfender" Sozialarbeit eine ausgewogene „Beziehungstriade" sozialer Hilfe und Kontrolle zu erreichen. Da die sozialpädagogische Lösungskompetenz nicht sichtbar wird und in den Schreiben der Rechtsanwälte und Richter angemahnt werden muss, setzt die Entscheidungsinstanz Familiengericht der medizinischbegutachtenden und „Verdacht schöpfenden" sowie der für die praktische Gefahrenabwehr verantwortlichen und Kontrollmaßnahmen planenden sozialarbeiterischen Profession „Grenzen" – ohne allerdings selbst helfen zu können.

Mit Bezug auf Abbotts Konkurrenzsystem der Professionen zeigt sich in der Fallstudie folgendes Bild: Formal verantwortlich für den Kinderschutz ist die Sozialarbeit der öffentlichen Jugendhilfe, initiativ aber wird im konkreten Verfahren die klinische Medizin, und die Richter entscheiden letztendlich über die beantragten Schutzmaßnahmen als Folge der Intervention eines Rechtsanwalts. Die Sozialarbeit wird so im Fall Schön in ihrer institutionellen Bedeutung von einer verantwortlichen Instanz zu einer „Hilfsdisziplin" heruntergestuft. Sie ist nicht in der Lage oder „nur mäßig" interessiert, im Rahmen ihrer professionellen Lösungskompetenz eine Klient*innenbeziehung aufzubauen, um damit die wichtigen Handlungsschritte einer psychosozialen Diagnose, eines sozialpädagogischen Arbeitsbündnisses und einer tragfähigen Hilfeplanung „erfolgreich gehen" zu können. Die durch das überstürzte Vorgehen erst erzeugte Abwehrhaltung bei den Klient*innen gegen Dienste und Einrichtungen der Jugendhilfe ist für eine präventive Abwehr zukünftiger Kindeswohlgefährdungen sicher nicht hilfreich.

Und schließlich ziehen wir vom Fall ausgehend einen instruktiven Schluss auf das mit dem Kinderschutz befasste Institutionengefüge: In mehrfacher Hinsicht setzt sich in diesem besonderen Handlungsfeld die historische Statusbildung im System der Professionen gegen die aktuelle formale Zuständigkeit qua Gesetz durch. Weil die Sozialarbeit das Gefährdungsrisiko nicht selbst im Jugendamt abgeschätzt hat, das Ziel des Einbeziehens der Personensorgeberechtigten nicht nachdrücklich sichtbar wurde und auch geeignete und notwendige Hilfen zur Abwendung der Gefährdung nicht überzeugend vorgestellt werden konnten, eröffnete sich strukturell die Möglichkeit für Konkurrenz unter den Professionen. Das gesellschaftliche Krisenereignis „Kindeswohlgefährdung" scheint im Fall Schön die Profession Sozialer Arbeit eher zu überfordern als „produktiv" herauszufordern.

Aufgaben
1. Das Handeln im Kinderschutz ist geprägt von Risiken und Unsicherheiten. Welche Unsicherheiten bestehen in der Fallarbeit mit Familie Schön und welche Risiken müssen Fachkräfte bei der Fallbearbeitung eingehen? Nennen Sie dazu konkrete Situationen aus der Fallgeschichte!
2. Vor dem Hintergrund der einführenden Kapitel lassen sich im Fall Schön unter den fallbeteiligten Fachkräften unterschiedliche berufliche Orientierungen feststellen. Reflektieren sie das Vorgehen der begutachtenden Kinderschutzambulanz und des von Frau Schön hinzugezogenen Rechtsanwalts im Hinblick auf die Unterscheidung Familienorientierung und Kindzentrierung und begründen Sie ihre Einschätzung auf Basis der Gesetzeslage aus Kap. 1.

3. Welche Stellung hat die Soziale Arbeit im Gefüge der beteiligten Professionen? Differenzieren Sie die Zusammenarbeit der Sozialen Arbeit zu den mitbeteiligten Berufsgruppen dahingehend, ob sie mit-, neben-, oder gegeneinander arbeiten. Begründen Sie Ihre Einschätzung.
4. Was hätte der fallverantwortliche Sozialarbeiter in der Bearbeitung des Falls anders machen können? Skizzieren Sie alternative Handlungsmöglichkeiten nach den zentralen professionellen Handlungsschritten von Anamnese (Kontakt zur Familie & Erhebung der Vorgeschichte), Diagnose (fachliche Beurteilung der Gefährdungssituation) und Intervention (Eingriffe zur Abwendung einer Gefährdung).

Der Kinderschutzfall – Familie Franke

7

Samantha Franke, geboren 1982, ist alleinerziehende Mutter. Von ihrem damaligen Lebensgefährten, Mario Kruse, trennt sie sich 2008. Ihr gemeinsames Kind, Kathleen, ist zu diesem Zeitpunkt sechs Jahre alt (geb. 3.7.2002). Nach der Trennung zieht sie mit ihrer Tochter zu ihren Eltern in eine separate Wohnung eines Zweifamilienhauses. Ihre Mutter ist Filialleiterin eines Supermarkts im Nachbarort, wo Samantha Franke auch als Verkäuferin arbeitet. Obwohl nach der Trennung gemeinsame Beratungsgespräche zur Umgangsregelung beim zuständigen Jugendamt auf Initiative des Vaters stattgefunden haben, bricht der Kontakt zur Familie kurze Zeit später ab. Frau Franke hat das alleinige Sorgerecht für Kathleen. 2009 lernt sie ihren neuen Lebenspartner, Matthias Kerner, kennen, der kurze Zeit später bei ihr einzieht. 2010 wird sie von ihm schwanger und bekommt am 13.3.2011 einen Sohn, Joshua.

7.1 Erstkontakt zum Jugendamt und Vorgeschichte

Bereits am 25.2.2008 geht beim zuständigen Bezirkssozialarbeiter im Jugendamt eine anonyme Meldung auf Kindeswohlgefährdung ein. Darin heißt es, Frau Franke bringe ihre Tochter ohne Fahrerlaubnis zum Kindergarten und sei beobachtet worden, wie sie neben ihrem Kind im Auto Drogen konsumierte. Die Meldung ist mit der Bitte verbunden, „gegen diese Person vorzugehen". Daraufhin unternimmt das Jugendamt am folgenden Tag einen unangekündigten Hausbesuch bei Frau Franke. Sie wurde nicht angetroffen. Vermerkt ist in der Akte des Jugendamts, dass sich „äußerlich keine Hinweise auf Kindeswohlgefährdung" finden lie-

© Der/die Autor(en), exklusiv lizenziert an Springer Fachmedien Wiesbaden GmbH, ein Teil von Springer Nature 2025
T. Franzheld, *Multiprofessionelle Zusammenarbeit – Kinderschutz interdisziplinär und partizipativ*, Studientexte zur Soziologie, https://doi.org/10.1007/978-3-658-49642-5_7

ßen, es handele sich um ein „2-Familienhaus mit gepflegtem Grundstück". Erst am 6.3.2008 treffen die Sozialarbeiter Frau Franke persönlich an, die ihnen auch „Zugang zur Wohnung" gewährt. Im Abklärungsgespräch bestätigt Frau Franke sowohl Führerscheinentzug als auch Drogenkonsum. Sie betont jedoch, dass diese Delikte „der Vergangenheit angehören" und vermutet, dass der Polizist, der sie im Frühjahr 2007 beim Fahren ohne Führerschein erwischt habe, jetzt beim Jugendamt „anschwärzt". Trotz der Schwere der Anschuldigungen sieht das Jugendamt keinen weiteren Handlungsbedarf: „Die Sozialarbeiter konnten keine Anhaltspunkte feststellen, die auf KWG hindeuten". Allerdings wird auch kein Versuch unternommen, eine erste Vertrauensbeziehung, beispielsweise durch ein Treffen auf ‚neutralem Boden' durch eine Einladung ins Jugendamt, aufzubauen oder ein „beobachtendes" Kontrollnetzwerk zu bilden, welches das Jugendamt über mögliche Gefährdungen in der Zukunft rechtzeitig unterrichtet.

7.2   Neue Meldung auf Kindeswohlgefährdung durch das Krankenhaus

Es vergehen ca. drei Jahre bis Familie Franke erneut „auffällig" wird. Diesmal erreicht das Jugendamt eine Meldung von der Frühgeburtsstation der Klinik am Ort. Oberarzt, Assistenzarzt und Stationsschwester fassen die Probleme in einer schriftlichen Meldung am 30.3.2011 folgendermaßen zusammen:

„Frau Franke erlebte am 13.3.2011 eine Hausgeburt in der Toilette. Joshua kam 3,5 Wochen zu früh mit einem Geburtsgewicht von 2335g zur Welt. Das Kind benötigte zu Beginn intensive Behandlung. Jetzt am 18. Lebenstag wiegt er etwa 2600g. Frau Franke hat sich sehr schnell entlassen lassen. Sie hat ein weiteres Kind zu Hause zu betreuen. Das Kind hat eine Hirnreifestörung, die heute im MRT bestätigt wurde. Grund dafür ist der Drogenkonsum der Kindesmutter während der Schwangerschaft. Diesen räumte Frau Franke ein. Aufgrund der Hirnreifestörung und der frühen Geburt benötigt das Kind intensivste Vojta-Therapie.[1] Dies ist selbst für gestandene Frauen schwer zu realisieren. Es bedeutet tägliche Übungen mit dem Kind, die dem Kind Schmerzen bereiten. Frau Franke erleben wir sehr ambivalent. Zum Teil ist sie sehr umsorgt um das Wohl ihres Kindes, zum Teil vollkommen interesselos. Frau Franke ist sehr unzuverlässig. Sie besucht ihr Kind zwar 1 bis 2mal täglich, aber zu vollkommen unpassenden Zeiten. Zu Terminen mit der Physiotherapeutin zum Erlernen der Therapie kommt sie zu spät oder nimmt sie nicht wahr. Wir haben Frau Franke

---

[1] Bei der Vojta-Therapie handelt es sich um eine Behandlungsmethode für Kleinkinder und Säuglinge, die Störungen des zentralen Nervensystems aufweisen.

angeboten, die letzten Tage vor der Entlassung des Kindes ins Krankenhaus „einzuziehen", damit wir sie nochmals intensiv vorbereiten können. Dies lehnt sie ab. Wir haben Angst, dass das Kind durch Vernachlässigung zu Schaden kommt. […]. Noch größere Sorge bereitet uns der Partner Frau Frankes. Er steht unserer Einschätzung nach ständig unter Drogeneinfluss wenn er im Krankenhaus erscheint. Entweder er zittert sehr auffällig oder er lacht ständig unangemessen laut und ist kaum ansprechbar. Er tritt dem Personal auf Station sehr aggressiv gegenüber auf" – wie werde er sich dem Kind gegenüber verhalten?

Joshua ist der Meldung zufolge einem ganzen „Gefährdungsbündel" ausgesetzt. Medizinisch indiziert ist zunächst eine Therapie, die im Zusammenhang mit dem Drogenmissbrauch der Mutter während der Schwangerschaft steht. Doch dabei bleibt es nicht. Die Ärzte sprechen Frau Franke zudem die Kompetenz ab, die medizinische Versorgung ihres Kindes sicherzustellen. Daraus ergeben sich auch die Erwartungen der Klinikärzte an das Jugendamt: Es sei zu klären, „ob das Kind überhaupt nach Hause entlassen werden kann. Wenn das Jugendamt zur Entscheidung kommt, es kann nach Hause entlassen werden, dann nur unter intensiver Kontrolle und Unterstützung". Für die Klinikärzte ist die Meldung der Kindeswohlgefährdung also gleichzeitig mit konkreten Vorstellungen über „geeignete" soziale Hilfen für das Kind in der gegenwärtigen Situation verbunden. Diese sollen als Kontroll- und Hilfenetzwerk das Gelingen der medizinischen Therapien absichern.

Das Jugendamt fordert die Klinikärzte nach Eingang der Meldung auf, ihre Beobachtungen und ihre Ängste mit den Eltern zu besprechen und ein gemeinsames Gespräch mit dem Jugendamt vorzubereiten. Die Ärzte sollen v. a. die Mitwirkungsbereitschaft der Mutter bei den ärztlichen Therapien prüfen. Darüber hinaus besprechen die Mitarbeiter des Allgemeinen Sozialen Dienstes (ASD) in einer Teamberatung am 11.4.2011 die Situation im Fall Franke. Einerseits überlegen sie, dass unter den von der Klinik geschilderten Bedingungen keine „Rückführung in den Haushalt der Mutter" möglich sei, „ggfs. ein Erörterungsgespräch in Sachen Kindeswohlgefährdung" beim zuständigen Familiengericht angeregt werden müsse. Damit folgt das Jugendamt der ärztlichen Einschätzung, ohne selbst den sozialpädagogischen Hilfebedarf diagnostiziert zu haben. Als Alternative zum „Kontrolleingriff" und einer möglichen Fremdplatzierung des Kindes stellen die Jugendamtsmitarbeiter*innen aber auch Überlegungen an, welche Hilfemaßnahmen bei einer möglichen Entlassung des Kindes ins Elternhaus zu ergreifen seien. U. a. das „Angebot einer Mutter-Kind-Einrichtung zur Stabilisierung" oder der „Abklärung, inwieweit Großeltern eine Ressource sein können", wenn Frau Franke und ihr Kind in den „Haushalt der Oma ziehen". Damit orientieren sie sich am sozialpädagogischen Hilfebedarf und bei ihrer Ressourcensuche am Familiensystem.

Unabhängig von den Vereinbarungen aus der Teamsitzung hält der fall-
zuständige Sozialarbeiter am 13.4.2011 Rücksprache mit der Klassenlehrerin von
Kathleen. Er erkundigt sich, ob Kathleen oder Frau Franke der Schule aufgefallen
seien. Frau Franke trete der Lehrerin zwar „unfreundlich" entgegen, es finde sich
aber kein Hinweis auf eine Kindeswohlgefährdung. Die Lehrerin betrachtet die
Großmutter von Kathleen sowie die Mutter ihres neuen Lebenspartners als „große
Stütze" für Frau Franke.

Am 13.4.2011 findet das vereinbarte Abklärungs- und Beratungsgespräch mit
Klinikärzt*innen, Jugendamtsmitarbeiter*innen und Frau Franke sowie Herrn Kerner im Krankenhaus statt. Zunächst beraten sich Jugendamt und Klinik und tau-
schen ihre fachlichen Einschätzungen aus – ohne Eltern. Die Stationsärzt*innen
und Schwestern wiederholen im persönlichen Gespräch ihre Eindrücke von Frau
Franke und ihrem Lebensgefährten auf der Station. Dagegen weisen die Mitarbeiter*innen des Jugendamts nun auf die unzureichenden Informationen über Familie
Franke zur Abschätzung einer Kindeswohlgefährdung hin. Man wisse zu wenig
über Frau Franke und ihren Partner: „Viele Hypothesen werden gebildet. Es
braucht eine Form des Zusammenlebens unter Beobachtung." Damit taucht die
Möglichkeit eines „beobachtenden Frühwarnsystems" auf. Das Jugendamt konfrontiert die Ärzt*innen mit der Überlegung, Frau Franke und Joshua in einer
Mutter-Kind-Einrichtung (nach § 19 SGB VIII) unterzubringen, woraufhin diese
zu Protokoll geben, dass solch ein Umzug in eine andere Einrichtung, zumal eine
Einrichtung der Kinder- und Jugendhilfe, und der damit verbundene Wechsel des
vertrauten Umfeldes für Kathleen nicht gut sei. Der Oberarzt bietet als Alternative
an, „Mutter und Joshua für eine Woche in einer Mutter-Kind-Einheit auf Station
unterzubringen", Kathleen könne in dieser Zeit durch die „Oma betreut werden".
Erst danach kommen die Eltern zu einem Abklärungsgespräch hinzu. Frau Franke
sehe keine Probleme in Versorgung und Umgang mit ihrem Kind, dennoch stimmt
sie zu, eine Woche in die Mutter-Kind-Einheit der Frühgeburtsstation „einzuziehen". Im Anschluss soll dann eine Entscheidung fallen, ob Frau Franke zu-
künftig Joshua allein zu Hause versorgt. Im Gespräch mit der Mutter äußern die
Ärzt*innen wiederholt ihre Bedenken in Bezug auf die Gesundheitsfürsorge des
Kindes. Frau Franke soll sich u. a. geweigert haben, eine weitere notwendige
Untersuchung am Kind durchführen zu lassen, um dessen Entwicklungsstand weiter zu beobachten.

Am 21.4.2011 soll die Entscheidung über den weiteren Verbleib des Kindes fallen. Zwischenzeitlich, am 18.4.2011, hält der fallverantwortliche Sozialarbeiter
Rücksprache mit der Hebamme von Frau Franke, die, wie es heißt, in unmittelbarer
Nähe zu Frau Franke und ihrer Mutter wohne. Hier erfährt der Bezirkssozialarbeiter, dass das häusliche Umfeld von Frau Franke „soweit in Ordnung ist". Das

Jugendamt konfrontiert die Hebamme mit der Überlegung, gemeinsam mit einer sozialpädagogischen Familienhelferin (nach § 31 SGB VIII) und in „enger Abspra-che mit ihr in der Familie zu schauen, inwieweit die Versorgung und Pflege des Kindes sichergestellt ist". Dazu ist die Hebamme grundsätzlich bereit. Das Jugend-amt entwirft damit und in Abgrenzung zu den behandelnden Ärzt*innen einen alternativen Interventionsplan. Am gleichen Tag spitzen sich die Probleme mit Frau Franke in der Klinik zu. In einem persönlichen Gespräch erklärt sich der Oberarzt gegenüber dem Jugendamt nicht weiter bereit, Frau Franke und ihr Kind auf der Station „zu behalten". Entgegen der Absprache habe ihr Partner zwei Nächte auf der Station verbracht, „offensichtlich unter Einfluss von Drogen". Frau Franke halte sich weiterhin nicht an Absprachen zu Versorgung und Therapien für Joshua. Seitens der Klinik sei eine weitere „Unterbringung" von Frau Franke aus-geschlossen, „sie müsse heute noch entlassen werden", denn „sie habe die gut-mütige Chance seitens der Klinik nicht genutzt". Joshua könne noch bis zur Klä-rung der Perspektive in der Klinik bleiben, was medizinisch aber nicht mehr not-wendig sei. Daraufhin führen Mitarbeitende des Jugendamts ohne die Ärzte ein Gespräch mit Frau Franke. Sie berichtet, dass sie mit der aktuellen Situation über-fordert sei. Neben der ärztlichen Kontrolle des Gesundheitszustands und ihrer Ver-sorgung des Kindes müsse sie sich auch um ihre ältere Tochter kümmern. „Sie komme zur Zeit nicht zur Ruhe". Sie möchte aber unter keinen Umständen Joshua in eine Pflegefamilie geben, könne sich hingegen „gut vorstellen", ihr Kind zu Hause mit einem „Sicherheitsnetz aus Oma, SPFH (Sozialpädagogischer Famili-enhilfe) und Hebamme" zu betreuen. Für diesen Fall bietet sie dem Jugendamt auch an, dass ihr Freund für diese Zeit aus der gemeinsamen Wohnung auszieht. Am gleichen Tag, dem 18.4.2011, besuchen Mitarbeitende des Jugendamts die Mutter von Samantha Franke. Sie ist bereit, ihre Tochter bei der Betreuung und Versorgung zu unterstützen, auch wenn diese „die Hauptversorgung zu leisten hat". So soll aus einem beobachtenden Kontrollnetzwerk jetzt aus familiären Be-ziehungen und institutioneller Unterstützung ein „Sicherheitsnetz" werden, also ein konsensuell getragenes Hilfe- und Kontrollnetzwerk.

7.3 Das „Sicherheitsnetz" des Jugendamts

Noch am 18.4.2011 berät das Jugendamt in einer „Sonderteamsitzung" über den Fall Franke. Die Mitarbeiter*innen legen sich auf eine Entlassung des Kindes zur Mutter fest. Als Maßnahme zur Gewährleistung des Kindeswohls einigt sich auch das Team auf ein eng geknüpftes Sicherheitsnetzwerk: Täglich sollen Hausbesuche in der Familie entweder durch Hebamme oder Familienhelferin durchgeführt

werden. Dazu erlegt das Jugendamt Frau Franke auf, einen Antrag auf Erziehungs-
hilfe zu stellen. Ein Drogentest – als weitere Auflage des Amts – soll über ihren aktuellen Drogenkonsum Aufschluss geben. Ihre Mutter soll sie bei der weiteren
Nachbetreuung unterstützen, was ebenfalls schriftlich vereinbart wird. Zuletzt sollen auch die Fachkräfte, die von nun an die Therapien Joshuas übernehmen, mit in
das „Sicherheitsnetz" einbezogen werden.

Wie vereinbart stellt Frau Franke nach der Entlassung des Kindes aus der Klinik
am 29.4.2011 einen Antrag auf Hilfe zur Erziehung. In der im Dokument vor-
gesehenen Problemschilderung Frau Frankes heißt es zur Begründung der Hilfe la-
konisch, „dass die Hilfe durch die Einbehaltung des Kindes in der Frühgeborne-
nenstation" notwendig wurde. Mit der Hilfe möchte Frau Franke erreichen, „dass
uns endlich alle mit ihren Vorurteilen insbesondere der schweren Lügen in Ruhe
lassen." Und unter dem Stichpunkt „Was kann ich zur Lösung des Problems beitragen", schreibt Frau Franke, dass sie jederzeit Kontrollen zulassen und „alles der
Öffentlichkeit" zeigen wolle. Diesen Aussagen zufolge basiert der Antrag nicht auf
einer Einsicht in die Notwendigkeit erzieherischer Unterstützungsmaßnahmen,
sondern gründet in der Abwehr ärztlicher Zumutungen.

Die Ärzte stellen in einer schriftlichen Stellungnahme vom 4.5.2011 auch die
vom Jugendamt getroffene Entscheidung in Frage. Zu den Vorfällen in der Mutter-
Kind-Einheit heißt es: „In dieser Woche kam es erneut mehrfach zu Missachtungen
ärztlicher und schwesterlicher Anordnungen, so dass eine Kindeswohlgefährdung
im Elternhaus weiterhin nicht auszuschließen ist." Und zur Entscheidung des
Jugendamts: „Wir bedauern das Vorgehen des Jugendamtes unter dringendem Hinweis auf drohende Kindswohlgefährdung." Am 6.5.2011 antwortet die Fachdienstleitung des Jugendamts auf die Stellungnahme. Sie betont, dass eine Herausnahme
eines Kindes aus einer Familie nur dann zulässig ist, „wenn eine konkrete Gefährdungssituation dadurch abgewendet werden kann". Es gehe bei dieser Entscheidungsfindung „nicht um eine optimale Erziehung für das Kind aus der Sicht
Dritter". Nach der Entlassung in den elterlichen Haushalt hätten sich keine Hinweise auf eine akute Kindeswohlgefährdung ergeben, die „eine Einschaltung des
Familiengerichts zum gegenwärtigen Zeitpunkt rechtfertigen würde". Und
abschließend betont die Fachdienstleitung: „Die kooperative, partnerschaftliche
und respektvolle Zusammenarbeit aller Beteiligten auf der Grundlage der zu be-
achtenden gesetzlichen Bestimmungen ist unabdingbar. Dabei spielt das gegenseitige Wissen über Möglichkeiten und Grenzen von Hilfen eine wesentliche Rolle".

Aufgrund dieser Stellungnahme bewilligt das Jugendamt Frau Franke rückwir-
kend ab dem 19.4.2011 eine Sozialpädagogische Familienhilfe. Bis zum 30.6. sollen die getroffenen Regelungen vorerst gelten, danach entscheiden die Beteiligten
über eine Fortschreibung der Hilfe und den weiteren Bestand des „Sicherheitsnetzes".

In der Folge allerdings bricht Frau Franke alle Kontakte zur Familienhelferin und Jugendamtsmitarbeiter*innen ab, geht zur medizinischen Nachsorge ihres Sohnes in die nächstgelegene Großstadt und schaltet einen Rechtsanwalt ein, der insbesondere die behandelnden Stationsärzt*innen auffordert, sich nicht weiter an seine Mandantin zu wenden. Gegen die Klinik initiiert er ein Verfahren wegen „übler Nachrede".

7.4 Abschließende Fallbetrachtung

Für den Fall Franke lassen sich die Probleme der Fallarbeit auf drei Punkte zusammenfassen.

(1) Zu Beginn der Fallarbeit zeigt sich, dass Gefährdungsmeldungen unterschiedliche Grade von Belastbarkeit und sozialer Anerkennung aufweisen bzw. dass Fachkräfte der Jugendhilfe nicht alle eingehenden Meldungen als gleichermaßen relevant für eine Gefährdungsabklärung und Gefahrenabwehr beurteilen. Die gemeldeten Gefährdungshinweise bewegen sich im Fall Franke im Spannungsfeld persönlicher Anschuldigungen einer Privatperson zum abweichenden Erziehungsverhalten einer Mutter. Der Mutter wird vorgeworfen, ihr Kind durch den eigenen Drogenkonsum zu gefährden bzw. dass sie kein ausreichendes Verantwortungsgefühl für dadurch entstehende Gefahren für ihr Kind an den Tag legen würde. Auf diese Meldung aus dem Umfeld der Familie reagiert das zuständige Jugendamt mit einer Abklärung der Wohnverhältnisse und der Einschätzung, dass keine konkreten Gefährdungsanzeichen vorliegen würden, die auch ein weiteres Einschreiten der Jugendhilfe notwendig machen oder rechtfertigen. Die zweite Meldung betrifft das neugeborene Kind Joshua durch die behandelnden Klinikärzt*innen und Stationsschwestern. Diese erneute Meldung ist deutlich drastischer in der Gefahrenbeschreibung und deutlich stärker orientiert an einer fachlichen Expertise und an therapeutischen Handlungsproblemen. Infolge dieser Meldung bzw. als konkrete Reaktion darauf kommt es zu den geschilderten Abklärungsschritten und dem Versuch, ein umfassendes und institutionell geprägtes Betreuungs- und Sicherheitsnetzwerk einzurichten. Die Reaktionen des Jugendamts auf beide Meldungen fallen also unterschiedlich aus. An ihnen dokumentiert sich, welche Situationen, Ereignisse oder Handlungen legitimerweise als ‚tatsächliche' Gefährdungen eingeschätzt werden und welche Hinweise den zuständigen Fachkräften als zu ‚geringfügig' gelten. An den Reaktionen des Jugendamts lässt sich daher ablesen, welches Gefährdungswissen Fachkräfte der Kinder- und Jugendhilfe als

relevant und belastbar im Hinblick auf das eigene Urteil einer Gefährdung erachten.

(2) Das von den Fachkräften der Jugendhilfe geplante ‚Sicherheitsnetzwerk' soll die Familie zwar bei der Versorgung von Joshua unterstützen, aber auch dahingehend überwachen, dass Frau Franke ihren Pflichten in der Versorgung ihrer Kinder besser nachkommt. Auffällig an der Fallgeschichte sind im Besonderen die Forderungen der behandelnden Ärzt*innen nach einer stationären Unterbringung zur Beobachtung der Familie im Umgang mit ihrem Neugeborenen. Die zuständigen Fachkräfte des Jugendamts hingegen überlassen das persönliche Gespräch mit der Familie den behandelnden Ärzt*innen und unternehmen keinen unabhängigen Versuch, mit Frau Franke ins Gespräch zu kommen. Insofern bestätigt sich im Fall Franke eine Fallarbeit ‚aus der Distanz', ohne den Versuch zu unternehmen, eine Vertrauensbasis für die Akzeptanz der angedachten Hilfe aufseiten der Familie herzustellen. Es dominieren im Anschluss, trotz des Einschlusses der Eltern von Frau Franke in ein Sicherheitsnetzwerk und trotz seiner Ausrichtung auf Familienerhalt, institutionell geprägte Beobachtungsbeziehungen die Fallarbeit (durch SPFH und Familienhebamme), statt gegenüber Frau Franke oder der erweiterten Familie Vertrauen gegenüber den Hilfemaßnahmen öffentlich einzuwerben. Solche Beobachtungsnetzwerke wiederum stehen für Frau Franke im Verdacht, sie, ihren Partner oder die ganze Familie einseitig und im Hinblick auf ihr Erziehungsverhalten kontrollieren zu wollen. Weil diese Hilfen dann lediglich eine Art Kontrollhilfe darstellen, bleiben die Einwilligungen in die angedachten Hilfemaßnahmen anfällig für einseitige Aufkündigungen. Im Fall Franke lässt sich das Verhalten der Mutter gegenüber dem Jugendamt als ‚kalkulierende' Mitarbeit beschreiben, die solange aufrecht erhalten bleibt, solange damit die Zumutungen der behandelnden Ärzt*innen abgewehrt werden, die aber dann zusammenbricht, wenn keine Eingriffe in die eigene Erziehungspraxis ‚mehr' drohen. Frau Franke handelt insofern im strategischen Interesse ihr Anrecht auf Erziehung zu verteidigen und nicht aus der inneren Überzeugung, durch das geplante Hilfenetzwerk ihre eigene Lebenssituation bzw. die ihrer Kinder zu verbessern.

(3) Infolge der weiteren Abklärung und der Koordination von Gesprächen mit der Mutter zu ihrem Verhalten und dem ihres Partners auf der Kinderstation entsteht eine Konkurrenzsituation zwischen dem angedachten Sicherheitsnetz des Jugendamts und der Fremdunterbringung von Joshua außerhalb der Herkunftsfamilie auf Anraten des medizinischen Personals. Mit der Entlassung von Joshua aus der Klinik bzw. mit der daran geknüpften Fragestellung, wo Joshua künftig versorgt werden kann, stehen sich beide ‚Behandlungspläne' von Jugendamt und Klinik unversöhnlich gegenüber. Die Meldung ans Jugendamt

ist insofern keine reine Informationsweitergabe, sondern eine konkrete Aufforderung zur Fremdunterbringung. Sichtbar wird bei diesen konkurrierenden Deutungen einerseits das Anspruchsdenken der medizinischen Profession im Hinblick auf eine ‚gute Versorgung' durch die Mutter oder bestmöglicher ‚Unterbringungsmöglichkeiten' für Joshua. Sichtbar wird aber auch das zentrale Entscheidungsprinzip des Jugendamts, Entscheidungen gegen das Erziehungsrecht der Eltern erst dann zu fällen, wenn eine Grenze der Erziehung oder Versorgung unterschritten wird bzw. manifeste Gründe für einen Eingriff vorliegen. Um es schlaglichtartig gegenüberzustellen: Das medizinische Fachpersonal orientiert sich an einem sozialmoralischen Prinzip ‚guter Erziehung', die Fachkräfte im Jugendamt an der Abwendung einer Kindeswohlgefährdung.

Aufgaben
1. Schätzen Sie ein, inwiefern Frau Franke an der Abwendung einer Gefährdung für Joshua mitwirkt und inwiefern ihr Verhalten gegenüber den zuständigen Fachkräften eine Fremdplatzierung von Joshua rechtfertigt.
2. Das Jugendamt orientiert sich bei der Gefahrenabwehr typischerweise am Vorwissen zu gemeldeten Familien. Diskutieren Sie, ob und inwiefern die ersten Hinweise auf eine Gefährdung (Meldung wegen Drogenkonsums) in der späteren Fallarbeit aufgegriffen werden bzw. welche Auswirkung die „Erstmeldung" und die Vorgeschichte Frau Frankes auf die spätere Fallarbeit haben.

Quellen

Bundeskinderschutzgesetz (BKiSchG)
Kinder- und Jugendhilfeweiterentwicklungsgesetz (KICK)
Gesetz zur Kooperation und Information im Kinderschutz (KKG)
Kinder- und Jugendhilfegesetz (SGB VIII)
Grundgesetz der Bundesrepublik Deutschland (GG)
Bürgerliches Gesetzbuch (BGB)
Kinder- und Jugendstärkungsgesetz (KJSG)

Literatur

Abbott, Andrew (1995): Boundaries of social work or social work of boundaries?. In: Social Service Review, Vol. 69, No. 4, 545–562.

Abbott, Andrew. (1988): The System of Professions. An Essay on the Division of Expert Labor. Chicago und London: University Press.

Abbott, Andrew (1981): Status and Status Strains in the Profession. In: American Journal of Sociology, Vol. 86, No. 4, 819–835.

Ackermann, Timo (2017): Über das Kindeswohl entscheiden. Eine ethnographische Studie zur Fallarbeit im Jugendamt. Bielefeld: Transkript.

Ader, Sabine; Schrapper, Christian (2020): Sozialpädagogische Diagnostik und Fallverstehen. Stuttgart: UTB.

Alberth, Lars; Bühler-Niederberger, Doris (2017): The overburdened mother: How social workers view the private sphere. In: Betz, Tanja; Honig, Michael-Sebastian; Ostner, Ilona (Eds.), Parents in the Spotlight: Parenting Practices and Support from a Comparative Perspective. Opladen: Verlag Barbara Budrich, 153–170.

Althans, Birgit (2011): Sozialpädagogische Diagnosen und die Debatte um Kindeswohlgefährdung. Ein Plädoyer für den horchenden Blick. In: Zeitschrift für Sozialpädagogik (ZfSp), 9(1), 83–110.

Amos, Karin Sigrid; Meseth, Wolfgang; Proske, Matthias (2011): Öffentliche Erziehung revisited. In: Karin Sigrid Amos; Wolfgang Meseth; Matthias Proske (Hg.), Öffentliche Erziehung revisited. Wiesbaden: VS-Verlag, 9–30.

Bastian, Pascal; Schrödter, Mark (2015): Fachliche Einschätzung bei Verdacht auf Kindeswohlgefährdung. In: Neue Praxis 45(3), 224–242.

Bastian, Pascal (2010): Der Nutzen psychologisch-klassifikatorischer Diagnoseinstrumente in frühen Hilfen (Wissenschaftliche Schriften der WWU Münster), Reihe VI, Bd. 7, Münster.

Bauer, Petra (2014): Kooperation als Herausforderung in multiprofessionellen Handlungsfeldern. In: Faas, Stefan; Zipperle, Mirjana (Hg.), Sozialer Wandel. Herausforderungen für Kulturelle Bildung und Soziale Arbeit. Wiesbaden: Springer VS, 273–284.

© Der/die Herausgeber bzw. der/die Autor(en), exklusiv lizenziert an
Springer Fachmedien Wiesbaden GmbH, ein Teil von Springer Nature 2025
T. Franzheld, *Multiprofessionelle Zusammenarbeit – Kinderschutz interdisziplinär und partizipativ*, Studientexte zur Soziologie,
https://doi.org/10.1007/978-3-658-49642-5

Bauer, Petra (2021): ‚Problem-Familie'. Perspektivierungen des Blicks auf Familien-
    probleme. In: Kommission Sozialpädagogik und Pädagogik der Frühen Kindheit (Hg.),
    Familien im Kontext kindheits- und sozialpädagogischer Institutionen. Weinheim &
    Basel: Beltz Juventa, 70–85.
Becker-Lenz, Roland (2005): Das Arbeitsbündnis als Fundament professionellen Handelns.
    Aspekte des Strukturdilemmas von Hilfe und Kontrolle. In: Pfadenhauer, Michaela (Hg.),
    Professionelles Handeln. Wiesbaden, 87–104.
Bundesministerium für Frauen und Jugend (1990): 8. Jugendbericht
Bergmann, Jörg R. (1993): Alarmiertes Verstehen. Kommunikation in Feuerwehrnotrufen.
    In: Jung, Thomas; Müller-Doohm, Stefan (Hg.), Wirklichkeit im Deutungsprozess.
    Frankfurt a.M.: Suhrkamp Verlag, 283–329.
Bergmann, Jörg (2014): Der Fall als Fokus professionellen Handelns. In: Bergman, Jörg;
    Dausendschön-Gay, Ulrich; Oberzaucher, Frank (Hg.), „Der Fall". Studien zur epistemi-
    schen Praxis professionellen Handelns. Bielefeld: transcript Verlag, 19–36.
Betz, Tanja; Bischoff, Stefanie (2013): Risikokind und Risiko Kind. Konstruktionen von Ri-
    siken in politischen Berichten. In: Kelle, Helga; Mierendorff, Johanna (Hg.), Normierung
    und Normalisierung der Kindheit. Weinheim & München.
Biesel, Kay (2008): Das Rettende in Gefahr. Vom Case Management zum Risiko Manage-
    ment in der fallbezogenen Kinderschutzarbeit. Sozialmagazin, 33(10), 14–23.
Biesel, Kay (2008a): Zwischen Fehlervermeidung und –offenheit. Wo stehen die sozialen
    Hilfesysteme? In: Sozial Extra, 11/12, 6–10.
Biesel, Kay; Wolff, Reinhart (2014): Aus Kinderschutzfehlern lernen. Eine dialogisch-
    systemische Rekonstruktion des Falls Lea-Sophie. Bielefeld: transcript.
Biesel, Kay; Schär, Clarissa (2022): Familie: Zwischen Elternrecht und Kindeswohl. In:
    Ecarius, Jutta; Schierbaum, Anja (Hg.), Handbuch Familie. Wiesbaden: VS-Verlag,
    561–581.
Bohler, Karl Friedrich (2006): Professionalität in Handlungsfeldern Sozialer Arbeit. In: So-
    zialer Sinn 7(1), 3–33.
Bohler, Karl Friedrich; Franzheld, Tobias (2019): Analyse von Netzwerkstrukturen in
    Kinderschutzfällen. In: Fischer, Jörg; Kosellek, Tobias (Hg.), Netzwerke in der Sozialen
    Arbeit. Theorien, Methoden, Anwendungen. Weinheim & Basel: Beltz Juventa, 443–461.
Bohler, Karl Friedrich, Franzheld, Tobias (2020) Rekonstruktive Familienforschung auf der
    Grundlage einer Jugendamtsakte, in: Funcke, Dorett (Hg.), Rekonstruktive Paar- und
    Familienforschung (Studienbrief Fernuniversität Hagen). Wiesbaden: VS-Verlag, 291–313
Bollig, Sabine (2013): ‚Individuelle Entwicklung' als familiales Projekt. Zur Normativität
    von Normalisierungspraktiken in kindermedizinischen Vorsorgeuntersuchungen. In:
    Kelle, Helge; Mierendorff, Johanna (Hg.), Normierung und Normalisierung der Kind-
    heit. Weinheim & Basel, 99–118.
Bourdieu, Pierre (1998): Vom Gebrauch der Wissenschaft. Für eine klinische Soziologie des
    wissenschaftlichen Feldes. Konstanz.
Bourdieu, Pierre; Wacquant, Loïc (2006): Reflexive Anthropologie, Frankfurt a.M.
Brandhorst, Felix (2015): Kinderschutz und Öffentlichkeit. Der „Fall Kevin" als Sensation
    und Politikum. Wiesbaden: Springer VS.
Brauchli, Simone (2021): Das Wohl der Kinder und die Selbstbestimmung der Eltern. Wein-
    heim & Basel: Beltz Juventa.

Büchner, Stefanie (2018): Der organisierte Fall. Zur Strukturierung von Fallbearbeitung durch Organsisation. Wiesbaden: VS-Verlag.

Bühler-Niederberger, Doris; Alberth, Lars; Eisentraut, Steffen (2014): Wo bleiben die Kinder im Kinderschutz? Die Logik der Intervention bei Sozialarbeitern, Ärzten und Hebammen. In: Bühler-Niederberger, Doris; Alberth, Lars; Eisentraut, Steffen (Hg.), Kinderschutz. Wie kindzentriert sind Programme, Praktiken, Perspektiven?. Weinheim und München, 26–61.

Caplan, Gerald (1964): Principles of Preventive Psychiatry. New York: Basic Books.

Choi, Bernhard C.K.; Pak, Anita W.P. (2006): Multidisciplinary, interdisciplinary and transdisciplinary in health research, services, education and policy. In: Clin Invest Med 29(6), 351–364.

Clarke, Adele E.; Gerson, Elihu M. (1992): Symbolic Interactionism in Social Studies of Science. In: Becker, Howard S., McCall, Michael M. (Hg.), Symbolic Interactionism and Cultural Studies. Chicago, 179–214.

Cook, Laura; Gregory, Mark (2019): Making Sense of Sensemaking: Conceptualising. How Child and Family Social Workers Process Assessment Information. In: Child Care in Practice 26(2), 182–195.

Destatis (2023): Statistisches Bundesamt: Statistik der vorläufige Schutzmaßnahmen (GENESIS Online:Code 22523).

Destatis (2023): (Statistisches Bundesamt). Statistik der vorläufigen Schutzmaßnahmen nach § 42 SGB VIII, URL.

Döhler, Marian (1997): Die Regulierung von Professionsgrenzen. Struktur und Entwicklungsdynamik von Gesundheitsberufen im internationalen Vergleich, Frankfurt a.M.

Eisentraut, Steffen; Turba, Hannu (2013): Norm(alis)ierung im Kinderschutz am Beispiel von Familienhebammen und Sozialpädagogischen FamilienhelferInnen. In: Kelle, Helga; Mierendorff, Johanna (Hg.), Normierung und Normalisierung der Kindheit. Weinheim und Basel, 82–99.

Emerson, Robert M.; Pollner, Melvin (1976): Dirty Work Designation: Their Features and consequences in a psychiatric Setting. In: Social Problems, 23(3), 243–254.

Fegert, Jörg M.; Ziegenhain, Ute; Fangerau, Heiner (2010): Problematische Kinderschutzverläufe. Mediale Skandalisierung, fachliche Fehleranalyse und Strategien zur Verbesserung des Kinderschutzes. Weinheim & München.

Franzheld, Tobias (2023): Kosmisierungsleistungen von Familien im Kontext von Kinderschutzinterventionen. In: Schierbaum, Anja; Ecarius, Jutta; Krinninger, Dominik; Uhlendorff, Uwe (Hg.), Familie – wozu? Eine Bestandsaufnahme von konzeptionellen und theoretischen Perspektiven in der erziehungswissenschaftlichen Forschung zu Familie. Wiesbaden, 79–99.

Franzheld, Tobias (2022): Fallverstehen trotz widriger Bedingungen. Sozialpädagogische Perspektiven im Kinderschutz. Familiendynamik 46(4), 288–297.

Franzheld, Tobias; Eckoldt-Wolke, Felicitas (2022): Innenansichten des medizinischen Kinderschutzes. Die Thüringer Kinderschutz Ambulanz im Kontext von Fallzahlen und Handlungsprinzipien. In: Sozial Extra 46(4), 138–144.

Franzheld, Tobias (2022): Kooperation zwischen Jugendämtern und Polizeibehörden. In: Kinder- und Jugendschutz in Wissenschaft und Praxis (KJug) 2/2022, 60–63.

Franzheld, Tobias (2020): Multi- und interprofessionelle Kooperation im Kinderschutz. Empirische Erkundungen und heuristische Überlegungen. In: Kelle, Helga; Dahmen, Stephan (Hg.), Ambivalenzen des Kinderschutzes – empirische und theoretische Perspektiven. Weinheim & Basel: Beltz Juventa, 151–171.

Franzheld, Tobias (2018): Auf welcher Seite stehen wir im Kinderschutz? In: Sozial Extra 42(4), 53–55.

Franzheld, Tobias (2017): Verdachtsarbeit im Kinderschutz. Wiesbaden: VS-Verlag.

Freidson, Eliot (1975): Dominanz der Experten. Zur sozialen Struktur medizinischer Versorgung. München u.a.: Urban & Schwarzenberg.

Freidson, Eliot (2001): Professionalism. The Third Logic, Cambridge.

Freres, Katharina; Bastian, Pascal; Schrödter, Mark (2018): Jenseits von Fallverstehen und Prognose – wie Fachkräfte mit einer einfachen Heuristik verantwortbaren Kinderschutz betreiben. Kassel: Preprint.

Funcke, Dorett, Hildenbrand, Bruno (2009): Unkonventionelle Familien in Beratung und Therapie. Heidelberg: Carl Auer.

Gildemeister, Regine (1992): Neuere Aspekte der Professionalisierungsdebatte. Soziale Arbeit zwischen immanenten Kunstlehren und Fallverstehen und Strategien kollektiver Statusverbesserung. In: Neue Praxis, 22(3), 207–219.

Hack, Carmen (2021): Kooperation und Vernetzung in Bildungs- und sozialpolitischen Programmen. Kommunale Praxis, pädagogische Forschung und Sozialpolitik. Weinheim & Basel: Beltz Juventa.

Hall, Pippa (2005): Interprofessional teamwork: professional cultures as barriers. In: Journal of interprofessional care, Vol. 19, No. 1, 188–196.

Hildenbrand, Bruno (2010): Welches sind günstige Rahmenbedingungen für die erste Jahre des Aufwachsens. Wie können diese in Einrichtungen öffentlicher Sozialisation gefördert werden? Überlegungen auf der Grundlage eines laufenden Forschungsprojekts. In: Günther, Robert u.a. (Hg.) Aufwachsen in Dialog und sozialer Verantwortung. Bildung – Risiken- Prävention in der frühen Kindheit. Wiesbaden: VS-Verlag, 45–69.

Hugh G. Petrie (1976): Do You See What I See? The Epistemology of Interdisciplinary Inquiry. In: Journal of Aesthetic Education, Vol. 10, No. 1, 29–43.

Hughes, Everett C. (1993): The sociological Eye. Selected Papers, New Brunswick.

Klatetzki, Thomas (2020): Der Umgang mit Fehlern im Kinderschutz – eine kritische Betrachtung. In: Neue Praxis, 50(2), 101–122.

Klatetzki, Thomas (2018): Narrative Praktiken. Die Bearbeitung sozialer Probleme in den Organisationen der Kinder- und Jugendhilfe. Weinheim & Basel: Beltz Juventa.

Klatetzki, Thomas (2013): Die Fallgeschichte als Grenzobjekt. In: Hörster, Reinhard; Köngeter, Stefan; Müller, Burkhard (Hg.), Grenzobjekte. Soziale Welten und ihre Übergänge. Wiesbaden: VS-Verlag, 117–135.

Klatetzki, Thomas (2005): Professionelle Arbeit und kollegiale Organisation. Eine symbolisch interpretative Perspektive. In: ders., Tacke, Veronika (Hg.), Organisation und Profession. Wiesbaden: VS-Verlag, 253–285.

Klotzbach, Heike (2009): „Kinder gemeinsam schützen" – Darstellung der rechtsmedizinischen Tätigkeitsfelder sowie weiterer Arbeitsbereiche des Kinderschutzes in akuten Verdachtsfälle. In: Thüringer Ärzteblatt 11, 659–664.

Kraimer, Klaus (Hrsg.) (2000): Die Fallrekonstruktion. Sinnverstehen in der sozialwissenschaftlichen Forschung. Frankfurt am Main: Suhrkamp.

Kunze, Katharina (2015): Kooperation, Kollegialität und funktionale Differenzierung. Strukturprobleme der multiprofessionellen Zusammenarbeit im Jahrgangsteam. In: Fölker, Laura (Hg.); Hertel, Thorsten (Hg.); Pfaff, Nicolle (Hg.), Brennpunkt(-)Schule. Zum Verhältnis von Schule und urbaner Segregation. Opladen u.a.: Budrich, 169–185.

Light, Donald W. (1988): Turf Battles and the Theory of Professional Dominance. In: Research in the Sociology of Health Care 7, 203–225.

Lüders, Christian (2016): Prävention. In: Schröer, Wolfgang; Struck, Norbert; Wolff, Mechthild (Hg.): Handbuch Kinder- und Jugendhilfe. Weinheim & Basel: Beltz Juventa, 512–537.

Maiwald, Kai-Olaf (2004): Professionalisierung im modernen Berufssystem. Das Beispiel der Familienmediation, Wiesbaden.

Meysen, Thomas (2009): Schutzauftrag bei Kindeswohlgefährdung. In: Münder, J. et al. (Hg.): Frankfurter Kommentar SGB VIII (6. Aufl.). Baden-Baden, 105–123

Munro, Eileen (1995): The power of first impressions. Practice, 7(3), 59–65.

Nittel, Dieter (2000): Von der Mission zur Profession. Stand und Perspektiven der Verberuflichung in der Erwachsenenbildung, Bielefeld.

Nationales Zentrum Frühe Hilfen (NZFH) (2014): Leitbild Frühe Hilfen. Beitrag des NZFH Beirats (Eigendruck).

Oechler, Melanie (2018): Dienstleistungsorientierung. In: Otto, Hans-Uwe et al. (Hg.), Handbuch Soziale Arbeit, 263–272.

Oelkers, Nina; Gaßmöller, Annika (2021): Vermessen?! Freiheitsentziehende Maßnahmen in der Kinder- und Jugendhilfe. In: Franzheld, Tobias; Walther, Andreas (Hg.), Vermessungen der Kinder- und Jugendhilfe. Versuch einer Standortbestimmung. Weinheim & Basel: Beltz Juventa, 115–136.

Oelkers, Nina (2011): Kindeswohlgefährdung: Selektive Korrektur elterlicher Erziehungspraktiken in der Kinder- und Jugendhilfe. In: Dollinger, Bernd; Schmidt-Semisch, Henning (Hg.), Gerechte Ausgrenzung? Wiesbaden: VS Verlag für Sozialwissenschaften, 263–278.

Oelkers, Nina; Schrödter, Mark (2008): Kindeswohl und Kindeswille. Zum Wohlergehen von Kindern aus der Perspektive des Capability Approach. In: Otto, Hans-Uwe; Ziegler, Holger (Hg.), Capabilities – Handlungsbefähigung und Verwirklichungschancen in der Erziehungswissenschaft. Wiesbaden: VS-Verlag, 143–161.

Oevermann, Ulrich (1991): Genetischer Strukturalismus und das sozialwissenschaftliche Problem der Erklärung der Entstehung des Neuen, in: Müller-Doohm, Stefan (Hrsg.), Jenseits der Utopie. Frankfurt am Main: Suhrkamp, 267–339.

Oevermann, Ulrich (2009): Die Problematik der Strukturlogik des Arbeitsbündnisses und der Dynamik von Übertragung und Gegenübertragung in einer professionalisierten Praxis von Sozialarbeit. In: Becker-Lenz, Roland et al. (Hg.), Professionalität in der Sozialen Arbeit. Standpunkte, Kontroversen, Perspektiven. Wiesbaden: VS-Verlag, 113–143.

Oevermann, Ulrich (2005): Wissenschaft als Beruf. Die Professionalisierung wissenschaftlichen Handelns und die gegenwärtige Universitätsentwicklung. In: Die Hochschule - Journal für Wissenschaft und Bildung 14(1), 15–49.

Oevermann, Ulrich (2003): Professionalisierungsbedürftigkeit und Professionalisiertheit pädagogischen Handelns. In: Kraul, Margret et al. (Hg.), Biographie und Profession. Bad Heilbrunn: Klinkhardt, 19–64.

Oevermann, Ulrich (2002): Professionalisierungsbedürftigkeit und Professionalisiertheit pädagogischen Handelns. In: Kraul, Margret (Hg.), Biographie und Profession. Bad Heilbrunn: Klinkhardt, 19–63.

Oevermann, Ulrich (2000): Die Methode der Fallrekonstruktion in der Grundlagenforschung sowie der klinischen und pädagogischen Praxis. In: Kraimer, Klaus (Hg.), Die Fallrekonstruktion. Sinnverstehen in der sozialwissenschaftlichen Forschung (1. Auflage). Frankfurt a.m.: Suhrkamp, 58–156.

Oevermann, Ulrich (1996): Theoretische Skizze einer revidierten Theorie professionalisierten Handelns. In: Combe, Arno; Helsper, Werner (Hg.), Pädagogische Professionalität. Untersuchungen zum Typus pädagogischen Handelns, Frankfurt a.m.: Suhrkamp, 70–183.

Olk, Thomas (2007): Kinder im „Sozialinvestitionsstaat". In: ZSE 27(1), 43–57.

Ortmann, Günther (2004): Als Ob. Fiktionen und Organisationen. Wiesbaden: VS-Verlag

Ott, Marion (2020): Widersprüche (nicht nur) des Kinderschutzes. Konfliktverhältnisse in der stationären Betreuung junger Mütter. In: Kelle, Helga; Dahmen, Stephan (Hg.), Ambivalenzen des Kinderschutzes. Weinheim & Basel: Beltz Juventa, 62–83.

Otto, Hans-Uwe; Ziegler, Holger (2018): Managerialismus. In: Otto, Hans-Uwe; Thiersch, Hans; Treptow, Rainer (Hg.), Handbuch Soziale Arbeit. Grundlagen der Sozialarbeit und Sozialpädagogik. München: Reinhardt, 991–1001.

Parsons, Talcott (1978): Action Theory and the Human Condition. New York.

Parsons, Talcott (1958): Struktur und Funktion der modernen Medizin. In: König, René (Hg.), Probleme der Medizinsoziologie, Sonderheft 3 KZfSS, 10–57.

Petrie, Hughes G. (1976): Do You See What I See? The Epistemology of Interdisciplinary Inquiry. In: Journal of Aesthetic Education, Vol. 10, No. 1, 29–43.

Pfadenhauer, Michaela (2003): Professionalität. Eine wissenssoziologische Rekonstruktion institutionalisierter Kompetenzdarstellungskompetenz, Opladen.

Richter, Martina (2012): Die Sichtbarmachung des Familialen. Gesprächspraktiken in der Sozialpädagogischen Familienhilfe. Weinheim & Basel: Beltz Juventa.

Saltiel, David (2016): Observing Front Line Decision Making in Child Protection. British Journal of Social Work, Vol. 46, No 7, 2104–2119.

Scheiwe, Kirsten (2013). Das Kindeswohl als Grenzobjekt – die wechselhafte Karriere eines unbestimmten Rechtsbegriffs. In: Hörster, Reinhard; Köngeter, Stefan; Müller Burkhard (Hg.), Grenzobjekte. Wiesbaden: Springer VS, 209–231.

Scheiwe, Kisten (2018): Das Kindeswohl im Recht. Funktionen eines unbestimmten Rechtsbegriffs. In: Betz, Tanja et al. (Hg.), Gute Kindheit. Wohlbefinden, Kindeswohl und Ungleichheit. Weinheim & Basel: Beltz Juventa, 84–100.

Schrödter, Mark (2018): Wider die Professionsschelte! In: Sozial Extra 42(4), 48–49.

Schubert, Cornelius; Vogd, Werner (2009): Die Organisation der Krankenbehandlung. Von der privatärztlichen Konsultation zur vernetzten Behandlungstrajektorie. In: Amelung, Volker E. et al. (Hg.), Vernetzung im Gesundheitswesen. Wettbewerb und Kooperation. Stuttgart, 25–49.

Schütze, Fritz (1996): Organisationszwänge und hoheitsstaatliche Rahmenbedingen im Sozialwesen. Ihre Auswirkung auf die Paradoxien des professionellen Handelns, in: Combe, Arno, Helsper, Werner (Hg.), Pädagogische Professionalität. Untersuchungen zum Typus pädagogischen Handelns. Frankfurt am Main: Suhrkamp, 183–276.

Schütze, Fritz (1992): Sozialarbeit als „bescheidene" Profession, in: Dewe, Bernd u.a. (Hg.), Erziehen als Profession. Zur Logik professionellen Handelns in pädagogischen Feldern. Opladen: Leske & Budrich, 132–171.

Simitis, Spiros (1988): Das Kindeswohl als Entscheidungsziel. Von der Euphorie zur Skepsis. In: Simitis Spiros; Goldstein, Joseph (Hg.), Das Wohl des Kindes. Grenzen professionellen Handelns. Frankfurt a. M.: Suhrkamp, 193–206.

Star, Susan L., Griesemer, James R. (1989): Institutional Ecology, Translation and Boundary Objects: Amateurs and Professionals in Berkeley's Museum of Vertebrate Zoology. In: Social Studies of Science, Vol. 19, No. 3, 387–420.

Stichweh, Rudolf (1996): Professionen in einer funktional differenzierten Gesellschaft. In: Combe, Arno; Helsper, Werner (Hg.), Pädagogische Professionalität. Untersuchungen zum Typus pädagogischen Handelns. Frankfurt a.M., 49–70.

Statistisches Bundesamt (Destatis) (2016): Kinder- und Jugendhilfestatistik: vorläufige Schutzmaßnahmen.

Statistisches Bundesamt (Destatis) (2022): Kinder- und Jugendhilfestatistik: Gefährdungseinschätzungen nach § 8a SGB VIII.

Strauss, Anselm L. (1993): Continual Permutations of Action, New York: Aldine de Gruyter.

Strauss, Anselm L. et al. (1997): Social Organization of Medical Work, New Brunswick.

Strauss, Anselm L. (1985): Work And The Division Of Labor. In: Sociological Quarterly, Vol. 26, No. 1, 1–19.

Sucherdt, Christoph (2020): Zur soziologischen Auseinandersetzung mit Gewalt in der Medizin am Beispiel des medizinischen Kinderschutzes. In: ÖZS, 45(1), 69–88.

Thiersch, Hans et al. (2012): Lebensweltorientierte Soziale Arbeit. In: Thole, Werner (Hg.), Grundriss Soziale Arbeit. Wiesbaden: VS-Verlag, 175–195.

v. Wensierski, Hans-Jürgen (2006): Biographische Forschung in der Sozialpädagogik. In: Krüger, Heinz- Hermann; Marotzki, Winfried (Hg.): Handbuch erziehungswissenschaftliche Biographieforschung. Wiesbaden: VS-Verlag, 459–482.

Walgenbach, Peter; Meyer, Renate (2008): Neoinstitutionalistische Organisationstheorie. Stuttgart: Kohlhammer.

Wastell, David; White, Sue (2016): Evidenzbasierte Prävention in der Familienwohlfahrt des vereinigten Königreiches. Die Ratifizierung des Überwachungsstaats. Neue Praxis, 1, 4–20.

Welter-Enderlin, Rosemarie; Hildenbrand, Bruno (2006): Systemische Therapie als Begegnung (4. Auflage) Stuttgart.

Wernet, Andreas (2006): Einführung in die Interpretationstechnik der Objektiven Hermeneutik. 2. Auflage, Wiesbaden: VS Verlag für Sozialwissenschaften.

Wiesner, Reinhard (2013): Stichwort Elternrecht. In: Kreft, Dieter; Mielenz, Ingrid (Hg.), Wörterbuch Soziale Arbeit. Aufgaben, Praxisfelder, Begriffe und Methoden der Sozialarbeit und Sozialpädagogik. Weinheim: Beltz Juventa, 236–238.

Zeller, Maren; Groß, Lisa Maria; Ginter, Johanna (2021): „Und das ist schon tertiär, was wir da machen, ne?" Gesundheitsfachkräfte und Kinderschutzaufgaben. In: Kelle, Helga; Dahmen, Stephan (Hg.), Ambivalenzen des Kinderschutzes. Weinheim & Basel: Beltz Juventa, 110–131.